DOUCHEVNAYA

Душевная

DOUCHEVNAYA
N° ISBN : 979-10-97252-07-6
EAN : 9791097252076
Dépôt Légal Juin 2018
© François Garijo 2017

PRELUDE A LA PROSE

Ce recueil de lettres de poésie en prose d'amour, ont été inspirées et écrites en Russie dans la ville de Tcherepovets (Череповец), dans l'oblast de Vologda.

Tcherepovets est le lieu qui m'a le plus inspiré pour cette prose, la ville est irriguée par la Cheksna (Шексна), un affluent de la Volga, la rivière berce les pieds du monastère de Goritsy, la ville est à 115 km à l'Ouest de la ville de Vologda et à 375 km au nord de Moscou.

Cette bourgade a été très chère à mon cœur pendant plus de sept ans et constitue avec Petrozavodsk et Staraya Roussa le berceau de mes escapades aventureuses.

L'ouvrage final fut fini de réaliser à ma datcha dans un petit village d'à peine moins de dix maisons desservies par un chemin de terre battue entourée de végétaux sauvages et de petites rivières poissonneuses, situé au sud de la très ancienne ville de Staraya Roussa.

Ленинградская область

Старорусском муниципальном районе.

Город Старая Русса

Деревня Гарижа

REMERCIEMENTS

Ces documents englobent des messages d'amour que j'ai rédigés en Octobre 2017

J'ai toujours été convaincu que l'amour et la réciprocité des sentiments font ressortir dans chacun de nous ce que nous avons de meilleur quand nous nous offrons pleinement l'un à l'autre.

Les périodes de séparation sont sans nul doute celles où l'on se rend compte que l'amour n'est pas si simple à vivre, et que la déclaration de sentiments doit se compléter par les actes, leur absence est une nuance de taille.

Lorsque tout n'est qu'harmonie dans un couple, on ne se pose pas vraiment de questions, du moins aux premiers temps d la relation, puis elle va ensuite prendre beaucoup de place dans nos pensées et nos interrogations.

Je tiens à remercier profondément Nina une femme Russe de la ville de Cherepovets à qui je dois beaucoup et dont la gentillesse est si grande qu'il vous sera impossible de trouver personne plus généreuse, intuitive et altruiste ailleurs, je remercie aussi mes proches pour demeurer à mes côtés en vertu de mes défauts, Masha, Paola, Lucas, quelques vieux vrais amis…Oleg, Jean Marc, François, Roman, qui comme quatre pétales d'un trèfle apportent chance autour d'eux avec leur enthousiasme et leur créativité le plus souvent à contre-courant, ces amis qui construisent un monde plus beau autour de nous, ils vous apprécient sans se poser de questions et sans rien attendre en retour.

Франсуа Гарижо - François   Garijo

9

PRESENTATION

J'ai choisi la prose car elle est celle du langage journalier, de nos lettres, de nos emails, de nos sms, j'aime quand le langage de tous les jours est expressif, offrant un état d'âme émotionnel et une manifestation imagée de notre expression physique

Peut-on écrire sur l'amour où même oser en parler sans jamais l'avoir ressenti intérieurement en soi, avec la réciprocité, la passion, la relation fusionnelle à côté d'une âme féminine si parfaite qu'elle rayonne d'une tendresse indescriptible.

Ainsi la cinquantaine est la maturité de l'âge dit-on, en tout cas c'est un moment où l'on se raccroche à l'amour que les autres nous portent car la vie s'accélère vers des lendemains incertains.

La ville était silencieuse ce matin quand nous sommes partis emportés par une brise venant de l'Oural, elle était fraiche mais presque tiède, devant nous naissait la vision des lacs d'eau pure entourés de champs de marguerites qui se relèvent fièrement à nouveau après chaque poussée du vent, émergeant d'herbes hautes d'où nous venaient des embruns boisés teintés de céréales fumées. Ces premiers jours de septembre s'écourtent et déjà le froid se fera ressentir dès ce soir, et encore plus demain.

Tchuvstvennaya maya (чувственная моя - ma sensuelle) comme les heures de bonheur à tes cotés sont heureuses quand nos larmes de joie se mêlent à nos silences dans une paix infinie, quelques jours de bonheur peuvent remplir toute une vie, peut-être plus encore, nos deux vies ensemble à toi et à moi.

Bientôt un froid humide aux embruns boueux et fauves viendra bercer lentement la neige blanche et fraiche d'Octobre et endormira nos ardeurs, pincera nos lèvres qui se refermeront sans mots, nous devrons nous comprendre d'un regard, goûtant à un amour profond pour lequel beaucoup seraient prêts à mourir.

Personne ne m'a aimé de façon aussi inconditionnelle, et notre douce et tendre passion d'Octobre s'engouffre maintenant profondément dans nos âmes surprises pas les premières morsures d'un hiver naissant.

Et déjà tu me poses la question ; « qui suis-je pour toi désormais, seras-tu avec moi demain ? », quand moi-même me demande comment pourrais-je vivre sans toi… la rivière Cheksna emporte ainsi nos larmes sans un mot car les battements de notre cœur deviennent si faibles chaque seconde passée, comme si un seul cœur suffisait pur deux, nous avons été un court instant ce que nous voulions être, de meilleur de l'un pour l'autre, et vivons emportés par une vie que nous subissons comme nous le pouvons, rêvant tout éveillés à ceux avec qui nous voulons être retenant un dernier sanglot de peine en remplacement de nos larmes de bonheur d'hier.

Ninochka tu as raison, on ne vit qu'aujourd'hui et on ne sait pas si demain sera, et on peut se moquer de deux mondes opposés qui séparent les personnes, mais qui ne peuvent retenir les âmes vagabondes n'ayant pas besoin de mots pour communiquer.

Je sais désormais pourquoi la glace recouvre les rivières de Russie en hiver, c'est pour que les larmes d'amour qu'elles contiennent s'écoulent plus lentement, arrêtent le temps un court instant, celui nécessaire pour l'échange de nos baisers.

Осень создана для тишины и любви.

L'Automne est créé pour le silence et l'amour.

Ты помнишь наши встречи.

Tu te souviens de notre rencontre.

Ты помнишь, когда наша бледная луна осени и первое солнце зимы вместе появляются на небе?

Tu te souviens quand notre lune pâle d'automne et notre premier soleil d'hiver étaient ensemble dans le ciel.

Ты помнишь наши встречи...

Тогда почему у тебя щеки розовеют?

Руки пожатье.

Tu te souviens de notre rencontre...

Pourquoi tes joues rougissent ?

Les mains tremblent.

Ты сказала мне: "До Встречи", с глубокая любовь и глубокая нежность.

Я уже знаю, что ты ко мне чувствуешь.

Ты ко мне прикоснулась душой.

Tu m'as dit « A la prochaine rencontre », avec un amour profond et une tendresse profonde.

Je sais déjà ce que tu ressens en moi, tu as touché mon âme.

Tout ce que nous vivons chaque jour est destiné à disparaître le lendemain se dissoudre dans nos souvenirs et parfois l'oubli.

Avec les années je me suis rendu compte que la chose la plus importante est le bonheur réciproque et que très peu de personnes placent leurs sentiments amoureux au-dessus de tout.

Beaucoup de personnes disent « je l'aime » ou je « t'aime » et cela est sans nul doute vrai, mais très peu ressentent leur cœur battre dans la poitrine au point de couper le souffle en raison de l'émotion contenue des sentiments amoureux, c'est cette profondeur de sentiments et de passion qui pénètre l'âme et ne vous quitte plus jamais qui m'a inspiré ces quelques lignes.

Par de-là les langues et les pays, la langue Russe se prête plus que toute autre merveilleusement au langage de l'amour, épurée et concise elle est « Душевная », parfois je traduis cela par « spirituelle ou sensuelle » bien que le mot signifié « venant de l'âme », la langue Russe est passionnée et émotionnelle. Pour un amour contenant l'âme, « содержащие душевная », et qui a été le mien, tel que l'on n'éprouve qu'une fois dans sa vie, d'une réciprocité absolue et unique qui nous a emportés dans de longues années d'une passion que peu de personnes éprouveront dans leur vie.

Depuis le début, puis dans la compréhension malgré la distance et dans la rencontre finale où o ne vit plus que l'un pour l'autre et que plus rien n'a plus d'importance autour de nous. Et si je ne devais vivre qu'un instant que ce soit dans tes bras à nouveau avec des larmes de bonheur, dans la passion, nous nous sommes cherchés toute une vie, je ne me souviens plus très bien qui a trouvé l'autre le premier, je me souviens surtout du premier regard échangé et du timbre de ta voix, quand, à cet instant nos âmes se rencontrèrent et ne se quittèrent plus jamais.

Alexandre Pouchkine rédigea un poème qui résonne encore en moi depuis trente ans, je n'ai ni son talent ni son éloquence, il fut pour moi le premier auteur à m'entrainer vers l'âme Russe :

Александр Сергеевич Пушкин

Я вас любил

Я вас любил : любовь еще, быть може.

В душе моей угасла не совсем.

Но пусть она вас больше не тревожит

Я не хочу печалить вас ничем.

Я вас любил безмолвно, безнадежно.

То робостью, то ревностью томим.

Я вас любил так искренно, так нежно.

Как дай вам бог любимой быть другим.

Je vous aimais : et mon amour encore peut-être

Au fond de mon âme n'est pas totalement éteint

Mais que cela ne vous inquiète pas d'avantage

Je ne veux pas vous faire de chagrin

Je vous aimais sans que rien n'en paraisse

Sans un espoir, mais non sans jalousie

Je vous aimais si sincèrement, si tendrement

Que Dieu vous donne un autre qui puisse vous aimer ainsi

DOUCHEVNAYA

Душевная

François   Garijo

Приятно, когда есть рядом такие люди, которым не важно кто ты, а просто важно, что ты есть.

Так и должно быть в любящей паре.

Моя Сладкая Леди, только ты мне нужна и только ты одна, только рядом с тобой я нахожу свой покой.

Ты что-то хочешь мне сказать, но не можешь?

Это так здорово, когда есть свой секрет, своя маленькая тайна.

Когда никто не знает.

Ты всегда знаешь, чем порадовать меня.

Есть такие люди, которых ты просто любишь.

Любишь за глаза, за тембр голоса, за улыбку.

И не важно, в каких отношениях вы находитесь с этим человеком, просто ты его любишь.

C'est agréable quand il y a des personnes qui ne se soucient pas de qui tu es, mais il leur est juste important que tu sois.

Cela doit être ainsi dans un couple amoureux.

Ma douce Lady, tu as seulement besoin de moi et tu es simplement unique, uniquement à côté de toi je trouve ma paix.

Que veux tu me dire et que tu ne peux pas ?

C'est tellement agréable quand tu as ton secret, ton petit secret.

Quand personne ne le sait.

Tu sais toujours comment me faire plaisir.

Il y a des gens que tu aimes juste.

Tu aimes pour les yeux, pour le timbre d'une voix, pour un sourire.

Et peu importe comment tu es avec cette personne, tu l'aimes juste,

Это не мимолетная встреча.

Все много раз обдумано прежде чем мы стали так близки.

Наша любовь с тобой прошла испытания, это долгие годы эти испытания были нам нужны, чтобы понять друг друга, разобраться и знать, что мы хотим с тобой в будущем.

Сейчас мы оба стали спокойные и очень нежные.

Мы понимаем, что хотим и чем мечтаем, мы искренние.

Хочу пожелать тебе, чтобы наши с тобой отношения, становились крепче с каждым годом, чтобы очаг нашей с тобой любви, разгорался с новой силой.

Хоть и давно мы стали мужем и женой.

Чувства наши не становятся слабее, с каждым годом они все сильнее!

Пусть с каждым днем наша любовь будет сильнее и крепче, пусть наше счастье никогда от нас не уйдет.

Ce n'est pas une réunion éphémère.

Tout a été pensé plusieurs fois avant que nous devenions si proches.

Notre amour avec toi a été testé, ce sont des longues années, nous avions besoin de ces tests pour nous comprendre l'un l'autre, et savoir ce que nous voulions à l'avenir.

Maintenant nous sommes à nouveau tous, devenus calmes et très tendres.

Nous comprenons ce que nous voulons et ce dont nous rêvons, nous sommes sincères.

Je tiens à te souhaiter que notre relation avec toi, se renforce chaque année, que le foyer de notre amour avec toi, brûle avec une vigueur renouvelée,

Bien que depuis longtemps, nous sommes devenus un mari et une femme.

Nos sentiments ne deviennent pas plus faibles, avec chaque année qui passe, ils sont plus forts !

Que chaque jour notre amour soit de plus en plus fort, que notre bonheur ne nous quitte jamais.

Для искренних настоящих проверенных чувств всегда нужно время, если это серьезные отношения.

Наверное у нас с тобой так и случилось, души слились воедино и попали в зависимость друг друга.

Я понял, что думаю о тебе, и стал вспоминать, сколько времени ты в моих мыслях.

Потомпонял: с тех пор как я встретил тебя, ты никогда их не покидала.

Ты поняла меня в узкожитейском смысле.

Иногда кажется, что ты, как никто другая и только ты, можешь понять меня и согласиться со мной.

Я читаю твои мысли и чувства.

Я буду думать о тебе и днем и ночью, улыбаюсь, маленький праздник для моей души.

Pour sincères sentiments vérifiés réels, les sentiments ont toujours besoin de temps si c'est une relation sérieuse.

Probablement cela est arrivé ainsi entre nous, les âmes ont fusionné et devenues dépendantes l'une de l'autre.

J'ai réalisé que je pensais à toi, et j'ai commencé à me souvenir du temps que tu avais dans mes pensées.

Puis j'ai réalisé que depuis que je t'ai rencontré, tu ne les as jamais quittés.

Tu m'as compris au sens étroit du terme.

Il semble parfois que toi, comme personne d'autre et seulement toi, peux me comprendre et être d'accord avec moi.

Je lis tes pensées et sentiments.

Je penserai à toi jour et nuit, je sourirai, une petite fête dans mon âme.

Сейчас я чувствую, что мы готовы полностью друг для друга.

Я никогда не думал, что судьба с приходом в мою жизнь тебя.

Впервые в жизни я чувствую, не только безумное влечение к тебе, но и какую то связь с тобой, на расстоянии, которой совершенно не могу найти объяснение.

Просто, как будто чувствую тебя и всё.

Когда я вернулась из тебя я знал, я медленно повернул голову на к тебе, в первые в жизни я чувствую, не только безумное влечение к тебе, но и какую то связь с тобой.

Моё влечение к тебе так велико, что его хватит на нас обоих.

Такой любовью всегда безмерна.

Просто, как будто чувствую тебя и всё.

Maintenant je sens que nous sommes entièrement prêts l'un pour l'autre.

Je n'ai jamais pensé que le destin arriverait dans ma vie avec toi.

Pour la première fois de ma vie, je ressens, non seulement une attirance folle pour toi, mais aussi une sorte de connexion avec toi, à une distance à laquelle je ne trouve absolument aucune explication.

Comme si je te sentais et c'est tout.

Quand je suis revenu de toi, je tournais lentement la tête vers toi, pour la première fois de ma vie, je ressens non seulement une attirance folle pour toi, mais aussi une sorte de lien avec toi.

Mon attirance pour toi est si grande, qu'elle nous suffira à tous les deux.

Un tel amour est immortel.

Simplement, comme l'impression de te ressentir en tout.

Я никогда не думал, что человек может стать смыслом жизни другого человека!

А ты такая.

Мне определенно повезло, потому что в нашем случае над отношениями работают и мужчина, и женщина.

Ты заставляешь стучать громче моё сердце, жутко громко и запредельно близко.

Мое сердце стучит так громко и сильно, как пишут в романах.

Вот за что я тебя уважаю, обожаю, люблю.

Моё сердце будет тихонько дышать рядом с тобой.

Глубоко. Искренне. В твой запах. В твою кожу.

Прикоснуться бы губами к твоей шее ищю твой пульс.

Я - Часть тебя это навечно, навсегда, хочешь ты этого или нет.

Мне так важно, что ты есть у меня.

Je n'ai jamais pensé qu'une personne puisse devenir le sens de la vie d'une autre personne !

Et tu es celle-ci.

J'ai vraiment de la chance, parce que dans notre cas, l'homme et la femme travaillent sur nos relations.

Tu fais battre mon cœur plus fort, au-delà de la limite et tellement proche.

Mon cœur frappe encore plus fort, comme ils écrivent dans les romans.

C'est pourquoi je te respecte, j'adore, j'aime.

Mon cœur respirera tranquillement à côté de toi.

Profondément. Sincèrement. Dans ton odeur. Dans ta peau.

Toucher des lèvres ton cou, je cherche ton pouls.

Je fais partie de toi probablement pour toujours, que tu le veuilles ou pas.

C'est tellement important pour moi que tu sois pour moi.

Ты кусочек вкусного настоящего изысканного дорогого шоколада, маленькая, озорная и непоседливая.

Ты поймешь всё без слов.

Найти. Поцеловать. Обжечь дыханием.

Ты душа моего тела, ты жар в моем сердце, ты радость на моем лице, ты яркость моего характера, ты красота моего тела, и наконец, ты любовь моей жизни, и именно поэтому я так безумно люблю тебя.

Я очень хочу тебя увидеть, просто ради того чтобы насладится твоей улыбкой.

Прислонится к щеке и ощутить тепло и нежность твоей кожи, а потом слиться в страстными поцелуями.

Рядом с тобой кусочки Рая!

Я тебя просто чувствую!

Я не загоняю наши отношения под какие-то рамки!

Я ими просто наслаждаюсь, каждый миг!

Мне не важно, сколько времени ты со мной: час, день или всю жизнь, главное, что ты есть!

Tu es un morceau goûteux de véritable chocolat fin très cher, petite, espiègle et agitée.

Sans un mot tu comprends tout.

Se Trouver. S'embrasser. Brûler par le souffle.

Tu es l'âme de mon corps, tu es le feu dans mon cœur, tu es la joie sur mon visage, tu es la luminosité de mon caractère, tu es la beauté de mon corps, et enfin, tu es l'amour de ma vie, et c'est pour ça que je t'aime tellement.

Je veux vraiment te voir, juste pour jouir de ton sourire.

Adossé à la joue et sentir la chaleur et la tendresse de ta peau, puis me fondre dans des baisers passionnés.

A côté de toi, des morceaux de Paradis !

Je te sens juste !

Je ne conduis pas nos relations dans une certaine mesure !

Je les apprécie juste, à chaque instant !

Peu m'importe combien de temps tu es avec moi : heure, jour ou toute la vie, le principal est que tu sois !

Люблю твои глаза, которые говорят красноречивее любых слов.

Я люблю твой запах, который стал для меня такая родная.

Ты заставляешь стучать громче моё сердце.

Я никогда не думал, что моя судьба так перевернется.

Я никогда не думал, что ты мне настолько понравишься.

Только благодаряю тебе я понял истинный смысл любви.

Когда ты смотришь на меня, я таю изнутри.

В моих глазах ты читаешь все в них невозможно скрыть любовь к тебе и желание и нежность.

Я хочу чтобы мы жили друг для друга.

Созданы друг для друга.

Мне кажется мы такие счастливые, когда окончательно поняли, что созданы друг для друга.

J'aime tes yeux, qui parlent plus éloquemment que les mots.

J'aime ton odeur, elle est devenue pour moi si familière.

Tu fais battre mon cœur plus fort.

Je n'aurais jamais pensé que mon destin serait si bouleversé.

Je n'aurais jamais pensé que tu me plairais réellement.

Simplement je te suis reconnaissant pour avoir compris le vrai sens de l'amour.

Quand tu me regardes, je fonds de l'intérieur.

Dans mes yeux tu lis tout, ils ne peuvent pas cacher l'amour pour toi et le désir et la tendresse.

Je veux que nous vivions l'un pour l'autre.

Faits l'un pour l'autre.

Je pense que nous sommes si heureux après avoir finalement réalisé que nous étions créés l'un pour l'autre.

Какое счастье, что рядом со мной - ты!

Мне даже страшно себе представить, что мы могли никогда не встретить друг друга, а просто пройти мимо, даже не взглянув.

Ведь именно так проходят мимо нас ежедневно тысячи людей.

Без тебя не было бы того, что мне дорого, того, что я ценю, того, о чем мечтаю и того, на что я надеюсь.

Без тебя не было бы ничего.

Любовь первоначально основывается на нежности и преданности, а страсть – это непреодолимое желание.

Ты знаешь, как мне с тобой хорошо рядом?

Ты чувствовал?

Жизнь такая короткая, я хочу быть в счастье с тобой вместе это испытать.

Ты не представляешь, как я теперь чувствую тебя глубоко во мне.

Quel bonheur, que tu sois côté de moi – toi !

J'ai même peur d'imaginer que nous aurions pu ne jamais nous rencontrer, mais simplement passer sans même se regarder.

C'est ainsi que passent des milliers de personnes chaque jour.

Sans toi, il n'y aurait pas ce qui m'est cher, ce que j'apprécie, ce dont je rêve et ce que j'espère.

Sans toi, il n'y aurait rien.

L'amour est d'abord basé sur la tendresse et la dévotion, et la passion est un désir irrésistible.

Sais-tu comment je suis avec toi ?

As-tu- ressenti cela ?

La vie est si courte, je veux être heureux ensemble avec toi pour en faire l'expérience.

Tu ne peux pas imaginer comment je te sens profondément en moi.

Мне кажется ты уже меня заполнил всю много нежных поцелуев, и еще раз мое сердечное спасибо.

Ты глубоко любящая.

Я думаю наша с тобой любовь самая красивая, самая сильная и искренняя, на долгие года.

Все эти вещи, кажется, принесут нам счастье и ведут к удовлетворению желаний, искренняя любовь.

Мы с тобой легко делаем друг друга счастливыми, потому что искренне любим.

Мужчины нечасто показывают свои чувства словами, но ты мне очень нужен мы с тобой легко делаем друг друга счастливыми.

Я люблю твое тело! Я люблю твои губы! Я хочу твою душу! Мягкость кожи вблизи! Я хочу тебя снова!

Мы как магниты, притягиваемся.

Je crois que tu m'as déjà rempli de nombreux baisers tendres, et encore une fois mes sincères remerciements.

Tu es amoureuse en profondeur.

Je pense que notre amour est le plus beau, le plus fort et le plus sincère, depuis de nombreuses années.

Toutes ces choses semblent nous apporter le bonheur et conduire à la satisfaction des désirs, d'un amour sincère.

Nous nous rendons facilement heureux l'un l'autre, car nous nous aimons sincèrement.

Les hommes montrent rarement leurs sentiments avec des mots, mais j'ai vraiment besoin de toi, avec toi nous nous rendons heureux l'un l'autre.

J'aime ton corps ! J'aime tes lèvres ! Je veux ton âme ! La douceur de la peau à proximité ! Je te veux encore !

Nous sommes comme des aimants, attirés.

Л юблю тебя, я имею в виду, что люблю твои формы, твое тело, твои изгибы.

Я люблю твою шею, твою грудь, твою спину, твои бедра.

Ты — воплощение чистой женщины от локонов твоих волос до щиколоток и пальцев.

Как никто другой, ты пробуждаешь во мне мужчину, страсть.

Я буду целовать твои руки. Я буду целовать твои губы.

Я буду целовать твоё тело.

И делать всё, что раньше не смел.

Хочу любить и целоваться.

Хочу ласкать и обниматься.

Хочу мяукать рядом тебя.

Je t'aime, je veux dire que j'aime tes formes, ton corps, tes courbes.

J'aime ton cou, ta poitrine, ton dos, tes hanches.

Tu es l'incarnation d'une femme pure, des boucles de tes cheveux à tes chevilles et tes doigts.

Comme aucun autre, tu éveilles en moi un homme, une passion.

Je vais embrasser tes mains.

Je vais embrasser tes lèvres.

Je vais embrasser ton corps.

Et faire tout ce qui auparavant je n'osais pas.

Je veux aimer et embrasser.

Je veux caresser et prendre soin.

Je veux miauler autour de toi.

Как давно не согревали мы друг друга.

Вдыхать твой аромат.

Он необыкновенный.

Как душа новорождённого в первые мгновения жизни.

Обеленной от грехов невинной души.

Любовь глубокая в сердце, вдруг раскрылось во всей наготе а поверх сплошные объятия душ.

Прозрачное тельце дрогнуло, и вдруг раскрылись два светлых, чистейшей белизны крыла.

К тебе в душу заглянув, сквозь невинные ласковые глазки ангелочка душа твоя.

Эти невинные глазки.

Эти глазки смотрят прямо в душу твою.

Чувствую как бьется твое сердце!

Depuis combien longtemps nous ne nous sommes pas réchauffés l'un l'autre.

Inspirer ton parfum.

Il est extraordinaire.

Comme l'âme innocente, des premiers jours de la naissance d'un enfant.

Bénissant les pêchés d'une âme innocente.

L'amour profond dans le cœur, soudain révélé dans toute la nudité, sur l'étreinte solide des âmes.

Le corps transparent tremblait, et soudainement s'ouvrirent deux éclatantes ailes de la blancheur la plus pure.

J'ai regardé dans ton âme, à travers d'innocents et caressants yeux, ton âme d'ange.

Ces yeux innocents.

Ces yeux regardent directement dans ton âme.

Je ressens comment bat ton cœur !

От души и для души.

Как просит моя душа твоей близости.

Словно одна душа на двоих.

Не стоит давать таких громких обещаний, не просто обещаний, а обещаний твердых, как сталь.

Как же приятно, когда утром будет любимый человечек.

Я думаю, что это был лучший день не только этого лета, но и всей моей жизни.

Это были самые счастливые времена в моей жизни.

Эти дни были наполнены нежностью близостью покоем в душе.

Такой покой в душе, я не чувствовал никогда и ни с кем, так случилось первый раз в моей жизни с тобой, да это словно маленький рай в котором были ты и я.

Так больно было уезжать от тебя.

De l'âme pour l'âme.

Combien mon âme demande ta proximité.

Comme une âme pour deux.

Ne faites pas de grandes promesses, pas seulement des promesses mais des promesses solides comme l'acier.

Combien il est agréable, quand au matin sera la personne aimée.

Je pense que c'était le meilleur jour non seulement de cet été, mais de toute ma vie.

Ce furent les moments les plus heureux de toute ma vie.

Ces jours étaient remplis de la tendresse de la proximité de la paix dans l'âme.

Une telle tranquillité de l'âme, je n'ai jamais ressenti avec qui que ce soit, c'est arrivé pour la première fois de ma vie avec toi, oui c'est comme un petit paradis dans lequel toi et moi étions.

Combien cela fut douloureux de te quitter.

Когда ты любишь и знаешь и чувствуешь, что женщина искренняя с тобой во всем.

Мне нравится когда мы даже молча понимаем друг друга, я уже знаю, что тебе нравится, а что нет.

Я хочу дарить покой твоей душе и нежность, поэтому мне важно лучше знать тебя и понимать твои желания.

Сейчас словно растворяюсь в твоей душе и в тебе, чувствую глубину твоей души.

Любовь редко бывает.

Такая Любовь Нельзя Купить.

Я просто тихонько держу твою руку, беру твою руку и долго смотрю на нее, я не отпущу твою руку нее отражение твоей души.

Я буду держать твою руку и никогда не отпускать.

Я вся тебя чувствую, чувствую глубину твоей души, душу и тело.

Что надо еще?

Quand tu aimes et que tu sais et ressens qu'une femme est sincère avec toi en tout.

J'aime quand on se comprend même silencieusement l'un l'autre, je sais déjà ce que tu aimes, et quoi pas.

Je veux donner la paix à ton âme et tendresse, parce qu'il est important pour moi de mieux te connaître et de comprendre tes désirs.

Maintenant c'est comme si je me dissolvais dans ton âme et en toi, je le ressens dans la profondeur de ton âme.

Un tel amour arrive rarement.

On ne peut pas acheter un tel amour.

Je veux juste te prendre la main doucement, tenir ta main et longuement la regarder, et je ne laisserai pas ta main, elle est le reflet de ton âme.

Je tiendrai ta main et ne lâcherai jamais.

Je te ressens complétement, je sens la profondeur de ton âme, de ton âme et de ton corps.

De quoi d'autre ais-je besoin ?

Те люди которые встречались на твоем жизненном пути причинили тебе много страданий и душевной боли, потому что они просто пользовались твоей душевной добротой и твоей любовью к ним, а сами ничего не могли дать тебе в замен.

Мне кажется только такие люди, как мы с тобой, испытавшие в жизни много предательства и нелюбви и лжи близких людей, которым мы верили можем так искренне любить.

Если Душа существует и она бессмертна, моя душа будет твоя на всегда.

Знаешь больше всего хочу полностью тебя тихо и осторожно накрыть своей нежностью твое тело и твою душу.

Я буду жить для тебя.

Иногда мы не хотим показывать душу, свой внутренний мир, выразить свои чувства.

Душевного мира и внутреннего покоя.

В душе мы всегда точно знаем, чего хотим, что нам подходит, а что нет, хотя не можем этого объяснить.

Знаешь, у меня сейчас слезы, расчувствовалась, очень искренне чувствую душой, ты не представляешь, как ты мне дорогая, очень родная и дорогая.

Слезинка прошлась по моей щеке.

Все слезинки со щек моих.

Жаль, что сейчас меня нет рядом с тобой, я бы нежно поцелуями убрал все слезинки с твоего лица.

Целоваться с тобой хочу.

Хочу прижаться к твоей щеке и твоей слезинке.

Н губах нежный поцелуй.

Очень нежный поцелуй на губах еще и еще.

Там где ты любишь и где тебе приятно.

Как прекрасны первые поцелуи, которые трепетом отзываются во всем теле.

Ces personnes qui tu as rencontrées sur le chemin de ta vie t'ont causé beaucoup de souffrance et chagrin d'amour, parce qu'ils aiment simplement ta gentillesse spirituelle et ton amour pour elles, et elles-mêmes ne pouvaient rien te donner en retour.

Il ne me semble que des gens comme nous qui avons vécu dans la vie beaucoup de trahison et d'aversion et de mensonges de gens proches auxquels nous croyions, pouvons aimer sincèrement.

Si l'âme existe et qu'elle est immortelle, mon âme sera à toi pour toujours.

Tu sais surtout que je veux couvrir délicatement avec ma tendresse, ton corps et ton âme.

Je vais vivre pour toi.

Parfois, nous ne voulons montrer notre âme, notre monde intérieur, exprimer nos sentiments.

Dans l'âme, nous savons toujours exactement ce que nous voulons, ce qui est juste pour nous et ce qui ne l'est pas, bien que nous ne puissions pas l'expliquer.

Tu sais, j'ai maintenant des larmes émotionnelles, je ressens sincèrement l'âme, tu ne peux pas imaginer à quel point tu es chère pour moi, très proche et chère.

Une larme est passée sur ma joue.

Toutes les larmes sur mon visage.

C'est dommage que maintenant je ne sois pas près de toi, j'aurais doucement embrassé toutes les larmes de ton visage.

Je veux que l'on s'embrasse avec toi.

Je veux me blottir contre ton visage et tes larmes.

Et un tendre baiser sur tes lèvres.

Et un très tendre baiser sur les lèvres.

Où tu aimes et où cela t'est agréable.

Comme cela est beau, les premiers baisers qui tremblent sur tout le corps.

Ты не можешь думать кто ты для меня я понял что не могу без тебя, я так сильно люблю тебя, что мне не хватает слов что бы описать это прекрасное чувство.

Я знаю как сильно ты любишь меня, и свою любовь ты выражаешь не только в словах.

Теперь ты всегда со мной днем и ночью, я словно твой нежный ангел хранитель.

Потому что у меня начинает быстрее биться сердце, когда я вижу тебя.

Стану каплей утренней росы, для тебе.

Благословляю тебя за твою любовь, неисчерпаемую нежность.

Я очень соскучилась по твоим губам и поцелуям.

Я не хочу тебя терять.

Tu ne peux pas imaginer qui tu es pour moi, j'ai réalisé que je ne peux pas vivre sans toi, Je t'aime tellement, que je n'ai pas assez de mots pour décrire ce merveilleux sentiment.

Je sais combien tu m'aimes et tu exprimes ton amour, pas seulement avec des mots.

Désormais tu es toujours avec moi, jour et nuit, je suis ton doux ange gardien.

Parce que mon cœur à commencé à battre plus vite quand je te vois.

Je vais devenir une goutte de rosée du matin pour toi.

Je te suis reconnaissant pour ton amour, une tendresse inépuisable.

Tes lèvres et tes baisers me manquent beaucoup.

Je ne veux pas te perdre.

У нас с тобой в реальной в жизни никогда не было такой душевной близости с людьми, как это мы почувствовали друг к другу.

Пусть наша любовь всегда будет яркой, нежной, чувственной и опьяняющей.

Ты не моя вторая любовь потому что такая любовь не было перед тебя.

Наша с тобой любовь прошла все испытания и с каждым годом становилась только сильнее.

Ты вдруг шепнешь мне трепетное слово "Кто я для тебя?", ты не моя и это факт но в глубине душия своя ещё твой.

Я в тебя влюблен, ты моя первая любовь и потом тебя еще не будет.

Ты моя вторая половинка ты в моей души.

Ты — частичка моей души.

Dans notre vie réelle à nous, il n'y eut jamais une telle affinité spirituelle avec les personnes, comme nous avons ressenti l'un pour l'autre.

Que notre amour soit toujours brillant, tendre, sensuel et enivrant.

Tu n'es pas mon second amour parce qu'un tel amour n'a jamais été avant toi.

Notre amour avec toi a passé toutes les épreuves et chaque année il devient simplement plus fort.

Tu me murmures tout à coup le mot tremblant "Qui suis-je pour toi ?", tu n'es pas à moi et c'est un fait mais, dans les profondeurs de mon âme, je suis encore à toi.

Je suis amoureux de toi, tu es mon premier amour et après toi il n'y en aura pas d'autre.

Tu es ma seconde moitié, tu es dans mon âme.

Tu es une partie de mon âme.

Ты выбираешь человека вопреки всему.

Времени, обстоятельствам, расстоянию.

Вокруг могут быть те, кто красивее, умнее, удачливее.

Но, ты их не замечаешь, потому что есть он, тот, к кому тянется и сердце, и душа.

И, никакими доводами это не объяснить.

После тебя уже не с кем так невозможно в жизни, это необъяснимое состояние души, наши души.

Через мысли, через дыхание, через сверхъестественное осязание.

Это будет всегда с нами.

Это просто есть и всё.

Это о нас с тобой.

Tu choisis une personne contre tout.

Temps, circonstances, distance.

Autour peuvent être ceux qui sont plus beaux, plus intelligents, qui ont plus de succès.

Mais, tu ne les remarques pas, car il n'y a qu'une, celle avec qui le cœur et l'âme s'étendent.

Et, cela ne peut pas être expliqué par des arguments.

Après toi quelqu'un d'autre est impossible dans la vie, cet état d'esprit inexplicable, nos âmes sont connectées.

Par la pensée, par la respiration, par le toucher surnaturel.

Cela sera toujours avec nous.

C'est juste là et c'est tout.

C'est à propos de nous avec toi.

Отношения часто не складываются потому, что в глубине нашей души живет страх сближаться с другим человеком.

Наслаждение от сближения, единства душ, которое приводит к созданию по-настоящему счастливых отношений, в том числе, и сексуальных.

Все любят и все влюбляются.

Но не всегда любовь бывает взаимной.

Порой люди живут вместе, но взаимности в любви какая-то из сторон может не чувствовать или же просто любовь в вашей жизни не появляется.

Каждому хочется обрести гармонию и стать счастливым.

По всем направлениям мы надеемся на взаимность со стороны наших партнеров.

Давай беречь друг друга и нашу такую красивую нежную любовь.

Les relations ne prennent souvent pas forme, parce que dans la profondeur de nos âmes vit la peur de se rapprocher d'une autre personne.

Le plaisir de la convergence et l'unité des âmes, ce qui conduit à la création de véritables relations heureuses, y compris, sexuelles.

Tout le monde aime et tout le monde tombe amoureux.

Mais l'amour n'est pas toujours mutuel.

Parfois, les gens vivent ensemble, mais l'une des parties ne peut pas ressentir la réciprocité dans l'amour, ou simplement l'amour dans sa vie n'apparaît pas.

Tout le monde veut trouver l'harmonie et devenir heureux.

Dans tous les sens, nous espérons la réciprocité de la part de nos partenaires.

Allons protéger l'un l'autre ce bel et tendre amour qui est le nôtre.

В моей душе, где-то очень глубоко, лежит истинная любовь – дар Божий, жить с тобой друг для друга.

Ты поняла меня в узкожитейском смысле, ты хочешь искренность дороже всех.

Любовь дает нам силу быть искренними, а потом в ответ на нашу искренность взаимоность в каждой клеточкой своего существа, всем своим телом и. души, всё делить с тобой, всё взять у тебя и впитать в себя.

С тобой все так, как должно быть между мужчиной и женщиной, чтобы чувствовать себя счастливыми и нужными и любимыми.

Ты живешь в моих мыслях, в моей душе, мое сердце сильно стучит, когда мы говорим или близки.

Мне так многое нравится, что объединяет нас с тобой.

Ты живешь в моих мыслях, в моей душе.

Dans mon âme, quelque part très profondément, se trouve le véritable amour, un don de Dieu, vivre avec toi l'un pour l'autre.

Tu me comprends au sens strict, tu veux de la sincérité plus que tout le monde.

L'amour nous donne la force d'être sincère, et ensuite, en réponse à notre sincérité, la réciprocité dans chaque cellule de notre être, avec tout notre corps et âme, tout pour partager avec toi, prendre tout de toi et t'absorber en moi.

Tu vis dans mes pensées, dans mon âme, mon cœur bat fort quand nous parlons ou nous sommes proches.

Avec toi, tout est comme il se doit d'être, entre un homme et une femme, pour se sentir heureux, nécessaire et aimé.

J'aime tellement ce qui nous unit avec toi.

Tu vis dans mes pensées et dans mon âme.

Глаза обладают удивительной способностью начинать разговор, перед тем как губы зашевелятся, и могут продолжать говорить, когда губы уже давно сомкнуты.

Господи, как я хочу чтобы мы снова с тобой гуляли в парке и сидели на скамейке и слушали живую музыку и я так чувствовал эту музыку и по щеке катилась слеза.

Ты лежал на скамейке и твоя голова была у меня на коленях и я нежно ласкал твои волосы и чуть касалась твоего лица губами.

Как же было спокойно и нежно рядом с тобой, я буду до конца с тобой пока живу,

Я нахожу очень много схожего между нами и мне это безумно нравится.

С каждым годом все сильнее наша с тобой любовь.

Тебя я в мыслях.

Les yeux ont une étonnante capacité à entamer une conversation avant que les lèvres bougent, et peuvent continuer à parler quand les lèvres sont fermées depuis longtemps.

Mon dieu, comment je veux que nous marchions de nouveau avec toi dans le parc, où nous nous sommes assis sur un banc et avons écouté de la musique vivante, et j'ai ressenti cette musique et une larme coulait sur ma joue.

Tu t'étais allongée sur un banc ta tête était sur mes genoux et je caressais doucement tes cheveux, et je touchais juste ton visage avec mes lèvres.

Comme c'était calme et doux avec toi, j'irai jusqu'à la fin avec toi tant que je vivrai.

Je trouve beaucoup de similitudes entre nous et c'est follement plaisant.

Chaque année notre amour est plus fort avec toi.

Tu es dans mes pensées.

Мы отлично дополняем друг друга, а именно это наиболее важно для хорошего союза двух любящих сердец.

Я дам тебе еще больше, если ты захочешь, вся та палитра чувств, которая сделал мой мир особенным, ты заслуживаешь это всё.

Я буду всегда любить только тебя.

Порой я всерьез задумываюсь о том, что было бы с моей жизнью, не встреть я тебя?

Скорее всего, она была бы обычной.

Ты мой мир, который я буду беречь и хранить, чтобы никогда его не потерять и не разрушить.

Ты моя половинка.

От любви и от жаркого взгляда.

Я мечтаю в руках твои руки держать

Nous nous complétons parfaitement l'un l'autre, et c'est le plus important pour une bonne union de deux cœurs amoureux.

Et je te donne encore plus, si tu le veux, toute la palette de sentiments qui rend mon monde spécial, tu mérites tout cela.

Je n'aimerai toujours que toi.

Parfois, je pense sérieusement à ce que serait ma vie, si je ne t'avais pas rencontrée ?

Très probablement, elle serait ordinaire

Tu es mon monde que je chérirai et que je conserverai, afin que je ne le perde jamais et ne le détruise pas.

Tu es ma moitié.

D'amour et d'un regard Brûlant.

Je rêve de tenir tes mains dans mes mains.

Я мечтаю чувствовать теплоту и нежность твоих рук, касаться нежно пальчиками, твое дыхание и твои губы, твой тихий голос.

Говорю, что люблю тебя всем моим существом, всей моей силой.

Моя жизнь в твоих руках!

Дай пожму твою руку!

Твою руку кладу свою долю.

Я просто хочу взять твою руку.

Я просто хочу обняться.

Всё, что хотел иметь, я нашел в тебе.

Это все, что от жизни мне надо.

Ты ведь есть у меня, ты моя навсегда.

Je rêve de sentir la chaleur et la tendresse de tes mains, toucher doucement avec les doigts, ton souffle et tes lèvres, ta voix calme.

Je dis que je vous aime de tout mon être, de toutes mes forces.

Ma vie est entre tes mains !

Laisse-moi te serrer la main !

Dans tes mains je remets ma destinée.

Je veux juste prendre ta main.

Je veux juste faire un câlin,

Tout ce que je voulais avoir je l'ai trouvé en toi.

C'est tout ce dont j'ai besoin de la vie.

Tu es tout avec moi, tu es mienne pour toujours.

Хочется дарить тебе все лучшее, что есть во мне для тебя.

Ты прекрасный человек и заслуживаешь в жизни уважения любви и прекрасного искреннего отношения к тебе.

Ты обычно немного говоришь, но я чувствую глубину твоей души.

Да когда взаимная любовь искренняя и нежная это много значить для двоем.

Я правда люблю тебя ты моя первая любовь.

Такая любовь редко бывает.

Я не знал любви взаимной перед тебе.

Да такая любовь бывает очень редко.

Любовь прекрасна.

А взаимная любовь прекрасна вдвойне!

Je veux te donner tout le meilleur qui est en moi pour toi

Tu es une personne merveilleuse et tu mérites dans la vie un respect pour l'amour d'une belle relation sincère pour toi

Tu parles habituellement peu, mais je sens la profondeur de ton âme.

Oui, quand l'amour mutuel est sincère et tendre, cela signifie beaucoup pour deux.

Je t'aime réellement, tu es mon premier amour.

Un tel amour arrive rarement.

Je ne connaissais pas l'amour réciproque avant toi.

Oui, un tel amour arrive très rarement.

L'amour est beau.

Et l'amour réciproque est doublement beau !

При первой встрече могут возникнуть чувства и сильное влечение, но это еще не любовь.

Настоящая любовь - это не просто чувство.

Это единение людей, основанное на ценностях.

Она растет и крепнет, если нежно и заботливо её оберегать.

Я тебя всегда буду ждать.

Потому что уже не представляю себе жизни без тебя.

Близок не тот, до кого можно дотянуться рукой, а тот, к кому тянется душа.

Я буду принадлежать тебе до конца.

Lors de la première rencontre surgissent les sentiments, et une forte attraction, mais ce n'est pas encore l'amour.

Le véritable amour, ce n'est pas simplement un sentiment.

C'est une union de personnes, basée sur des valeurs.

Il se grandit et se renforce, si doucement et prudemment on le préserve.

Je t'attendrai toujours.

Parce que je ne peux pas imaginer la vie sans toi.

Il n'y a personne à qui vous puissiez tendre la main, mais celui à qui l'âme s'étend.

Je t'appartiendrai jusqu'à la fin.

Просите каждодневно любви у Бога.

Вместе с любовью приходит и всё множество благ и добродетелей.

Разве не странно? Так много людей, которые тайно влюблены в кого-то.

И так много людей, которые понятия не имеют, что кто-то тайно любит их.

У мужчины должна быть одна женщина.

Есть 1000 000 женщин, но почему нужна она одна ?

Наверное Потому что она своя.

Правде нужно смотреть в глаза.

Наша взаимная любовь-вечна.

Мы будем пить чай и согревать друг друга своей любовью.

Demandez l'amour quotidien de Dieu.

Ensemble avec l'amour viennent toutes les nombreuses bénédictions et vertus.

N'est-ce pas étrange ? Tellement de personnes sont secrètement amoureux de quelqu'un.

Et tant de personnes qui n'ont aucune idée que quelqu'un les aime secrètement.

Un homme doit avoir une seule femme.

Il y a 1000 000 femmes, mais pourquoi j'ai n'ai besoin que d'une seule ?

Probablement parce qu'une est la sienne.

La vérité doit être regardée dans les yeux.

Notre amour mutuel pour l'éternité.

Nous boirons du thé et nous réchaufferons avec notre amour.

Любовь к женщине, которая и в горе и в радости - всегда живет глубоко в моей душе, которая дарит мне покой, радость и счастье.

С которой хочется засыпать и просыпаться вместе.

Всегда держать ее за руку и чувствовать , что она любит меня.

Просто очень сильно любит и ничего не требует взамен, она счастлива, что я свой.

Каждый день - это маленькая жизнь.

Всё время хочется невозможного.

А раз невозможного хочется — значит, оно существует.

Пусть этот день будет наполнен приятными и нежными мгновениями, и пусть радость присутствует во всём и везде.

Un amour pour une femme, laquelle dans l'adversité et dans la joie vivra toujours dans mon âme, laquelle me donnera joie, paix et bonheur.

Avec laquelle je souhaiterais dormir et me réveiller ensemble.

Toujours la tenir par la main et ressentir quelle m'aime.

Simplement l'aimer très fort et rien exiger en retour, qu'elle soit heureuse avec moi car je suis à elle.

Chaque jour est une petite vie.

Tout le temps je veux l'impossible.

Et si vous voulez l'impossible, cela signifie qu'il existe.

Que ce jour soit rempli de moments agréables et doux, et que la joie soit présente partout et partout.

Я ЛЮБЛЮ ТЕБЯ ВОТ ТАКОЙ ИСКРЕННЕЙ ЛЮБОВЬЮ...

И ТЫ ВСЕГДА БУДЕШЬ МОЯ !

Порой мне хочется сказать: люблю тебе больше жизни!

Сегодня я хочу сказать эти слова вслух, я хочу, чтобы они долетели до тебя.

Люблю погружаться в тебя глубоко нежно приятно и полностью без остатка.

Может потому что ты дорога в глазах моих.

JE T'AIME D'UN TEL AMOUR SINCERE...

ET TU SERAS TOUJOURS MIENNE !

Parfois je veux te dire, que je t'aime plus que la vie.

Aujourd'hui, je veux dire : ces mots à haute voix, je veux qu'ils s'envolent jusqu'à toi.

J'aime me plonger profondément affectueusement en toi agréablement et complètement sans laisser de trace.

Peut-être parce que tu es chère à mes yeux.

Мы с вами не должны жить в ожидании того, что счастье наступит в некий день, когда мы добьемся некой цели или получим некую вещь.

Счастье доступно нам каждую минуту нашей жизни, но для этого мы должны жить в гармонии – духовной, ментальной, эмоциональной и физической.

Честность в отношениях, доверие-самое главное.

Моя душа всегда открыта для тебя, поэтому у меня с тобой всегда все искренне.

Мне нравится твоя душа, а не твоя внешность.

Ты открыла мне свою душу и я полюбил её.

За эти годы я много отдал тебе своей душевности и ты каждую минуточку дарила мне любовь и нежность !

Nous ne devrions pas vivre dans l'anticipation du fait que le bonheur viendra un certain jour, quand nous atteindrons un certain but ou recevrons une certaine chose.

Le bonheur est disponible pour nous chaque minute de notre vie, mais pour cela nous devons vivre en harmonie - spirituelle, mentale, émotionnelle et physique.

L'honnêteté dans les relations, la confiance est la chose la plus importante.

Mon âme est toujours ouverte pour toi, parce que j'ai avec toi toujours tout dans la sincérité.

J'aime ton âme et non ton apparence.

Tu m'as ouvert ton âme et je l'ai aimée

Pendant ces années je t'ai donné beaucoup de ma tendresse et tu m'as donné chaque minute amour et tendresse !

Ты вдохнула в меня жизнь

Ты подарила мне красивую нежность.

Приятную красивую нежность.

Ты все эти годы терпеливо ждала и лепила из меня мужчину для себя.

Я стал таким!

Мы нашли то, что искали в жизни, и я могу сказать, что я очень счастлив с тобой.

Мы нашли друг друга через много лет.

Ты раскрыла во мне очень нежного, душевного, чувственного, трепетного мужчину.

Я твой любящий мужчина всеми чувствами души и тела.

———

Tu m'as insufflé la vie.

Tu m'as donné cette belle tendresse.

Belle et agréable tendresse.

Toutes ces années tu as patiemment attendu et fait de moi un homme pour toi.

Je suis devenu celui-ci.

Nous avons trouvé ce que nous cherchons dans la vie, et je peux dire que je suis très heureux avec toi.

Nous nous sommes trouvés l'un l'autre après tant d'années, tu as ouvert en moi un homme tendre et sincère sensuel et délicat.

Je suis ton homme amoureux par tous les sentiments de mon âme et de mon corps.

Я знаю милая, теперь мы счастливы с тобой, и мы будем очень счастливы.

Уже остается всего несколько дней и мы будем вместе.

Я очень чувствительный очень.

А ты более чувствительная чем я.

Тебе очень не хватает рядом моей душевности и моей нежности к тебе, уже скоро все случится, еще чуть чуть.

С еще более сильное желание и трепет в душе.

Je sais mon aimée, maintenant nous sommes heureux avec toi, et nous serons très heureux.

Il ne reste que quelques jours et nous serons ensemble.

Je suis très sensible, très

Et tu es plus sensible que moi.

Tu me manques beaucoup à côté de ma spiritualité et de ma tendresse pour toi, déjà bientôt tout arrivera, encore un peu.

Avec un désir encore plus intense et tremblant dans l'âme.

Не бойся проявлять свои чувства.

Люди, которых ты любишь и ценишь, должны знать, как они важны для тебя.

Это большая удача в жизни, найти человека, которым хочется дорожить, ждать встречи и думать что по тебе тоже кто-то скучает.

Я думаю у тебя тоже будет все словно в первый раз.

Я буду с радостью принимать и пробовать все с тобой, я чувствую твое желание тоже.

Я понял- ты тоже уже ждешь все это реально со мной.

N'ai pas peur de montrer tes sentiments.

Les gens que tu aimes et apprécies doivent savoir à quel point ils sont importants pour toi.

C'est un très grand succès dans la vie que de trouver une telle personne qu'il est agréable de chérir, d'attendre la rencontre et comprendre qu'elle s'ennuie sans toi.

Je pense à toi comme si tout était pour la première fois

J'accepterai avec joie et j'essaierai tout avec joie avec toi, je ressens ton désir aussi.

J'ai compris que toi aussi tu attends réellement tout cela avec moi.

Истинная любовь тем и хороша, что умеет не исчезать и не уменьшается, видя несовершенства в том, кого любит.

Именно внутреннее состояние души определяет человеческое счастье.

Я жду когда это случится все реально.

Быть постоянно рядом с тобой, нежно тебя касаться, трепетно целовать.

Я надеюсь, что это будут незабываемые дни проведенные с тобой.

Такой приятный отдых для души и тела нам с тобой очень нужен.

Мы подарим друг другу все самое дорогое, что есть у нас с тобой - наши искренние чувства.

Le véritable amour est si bon qu'il sait ne pas disparaître et ne diminue pas, voyant des imperfections chez celui qu'il aime

C'est l'état intérieur de l'âme qui détermine le bonheur humain.

J'attends quand cela se produira réellement.

Être constamment à tes côtés, te toucher tendrement, t'embrasser en tremblant.

J'espère que ce seront des jours inoubliables passés avec toi.

Nous avons tant besoin avec toi de ces agréables vacances pour l'âme et le corps.

Nous nous donnerons mutuellement tout ce qu'il y a de meilleur en nous, nos sincères sentiments.

Я мог бы написать целую книгу о любви к тебе.

Я думаю,что скоро будет счастье для тебя и для меня.

Реально ты будешь рядом, я тебя буду чувствовать.

Я очень хочу жить с тобой.

Я буду у тебя спрашивать : «Тебе хорошо со мной ? »

С каждым днем мы будем чувствовать все больше и сердца будут стучать в ожидании.

Будем чувствовать душой, поэтому будет все очень приятно для нас с тобой.

Н я тоже буду в эмоциях приятных !

Je peux écrire un livre entier sur mon amour pour toi.

Je pense que ce sera bientôt le bonheur pour toi et pour moi.

Tu seras réellement à côté et je te sentirai.

Je te demanderai : « Tu es bien avec moi ? ».

Nous ressentirons chaque jour davantage, et le cœur frappera avec beaucoup d'attentes.

Nous ressentirons l'âme, parce que tout sera très agréable pour nous avec toi.

Et je serai aussi dans d'agréables émotions !

Ты говоришь о своих чувствах искренне теплота души и желание порадовать моё сердце!

Ты мне подарила что-то такое,что нельзя обьяснить словами.

Я чувствую, что мы с тобой уже хотим реальной встречи

И вот сегодня, здесь, я подарю тебе свою нежность и ласку.

Страсть и покой и радость в твоей душе как никогда ранее, мы понимаем и чувствуем друг друга.

Мы с тобой в гармоничных отношениях, поэтому у нас с тобой все легко и просто.

Tu parles sincèrement de tes sentiments la chaleur de l'âme et le désir de plaire à mon cœur !

Tu m'as donné quelque chose que tu ne peux pas expliquer avec des mots.

J'ai ressenti, qu'avec toi nous voulons déjà réellement nous rencontrer.

Et voilà aujourd'hui, je te donne ma tendresse et mes caresses.

Passion paix et joie dans ton âme, comme jamais cela n'a été auparavant, nous nous comprenons et ressentons mutuellement l'un l'autre.

Nous sommes avec toi dans des relations harmonieuses, parce que tout est facile et simple avec toi.

Даже на расстоянии :

Нам сегодня с тобой нужно было снять напряжение.

Хочется максимально быть нежным с тобой во всем.

Нам обязательно нужно быть вместе.

Редкая , сильная наша с тобой, любовь становится всё глубже и глубже.

В душе мы давно так с тобой мечтали и ждали всю нашу жизнь.

Я хочу к тебе!

И весь остаток нашей жизни, мы будем вместе навсегда.

Déjà malgré la distance :

Nous avions avec toi besoin d'enlever la tension

Je voudrais au maximum être tendre avec toi dans tout.

Nous sommes surs d'être ensemble.

Notre amour si fort et rare entre nous, l'amour devient encore plus profond, tout profond.

Dans l'âme nous avons si longtemps rêvé et attendu avec toi, toute notre vie.

Je te veux !

Et tout le reste de notre vie nous serons ensemble pour toujours.

Я сейчас чувствую, как мы оба хотим уже быстрее быть вместе.

Эмоции и чувства нас с тобой переполняют- будет первая встреча.

Первые касания, поцелуи и нежность.

Будут приятны наши касания и тела будут близки.

Я тоже хочу тебя касаться нежно руками и губами.

Настолько образ твой проник мне в душу.

Огонь любви в душе разбудил.

Je ressens maintenant, comme nous deux voulons déjà rapidement être ensemble.

Les émotions et les sentiments débordent de nous avec toi, ce sera la première rencontre

Premier toucher, baiser et tendresse.

Nos contacts seront agréables et nos corps seront proches.

Je veux moi aussi t toucher tendrement tes mains et tes lèvres.

Ton image à tellement pénétré mon âme.

Que le feu de l'amour dans mon âme s'est éveillé.

Ты тихонько постучала и открыла двери моей души своей нежной любовью.

В глубине души я знал что мне просто нужно почувствовать совсем немного человеческого тепла.

Я по капле собирал для тебя свою нежность.

Хочу я дать тебе своё тепло и понимание, защитить тебя.

И что еще важнее для меня, хочется дать тебе это тепло.

С той первой минуты, с первого взгляда, с первого слова, с первого поцелуя в губы.

У любви особый вкус и запах. Это чувство не спутаешь ни с чем : Первый посланник страсти –это запах, запах любви и счастья.

Tu as doucement frappé à la porte de mon âme avec ton tendre amour.

Profondément dans mon âme je sais que j'ai simplement besoin de ressentir un peu de chaleur humaine.

J'ai recueilli ma tendresse pour toi.

Je veux te donner ma chaleur, compréhension, te protéger.

Lors de cette première minute, ce premier regard, ce premier mot, ce premier baiser sur les lèvres.

Avec ce goût et cette odeur spécifique de l'amour. Ce sentiment ne peut être confondu avec n'importe quoi : Le premier messager de la passion, c'est l'odeur, l'odeur de l'amour et du bonheur.

Ведь у каждого из нас своч жизнь,свои мысли.

Насколько человек способен любить, вкладывать душу в отношения.

Мы сразу глубоко с тобой проникли в души друг к другу, сильно и очень нежно.

Теперь я хочу, чтобы ты была во мне, в моей душе, навсегда.

Я понял, что ты тоже этого хочешь.

Уже сегодня не было сил терпеть.

Мне очень одиноко без твоей прекрасной души.

Après tout, nous chacun de la vie, ses rêves.

Combien est capable d'aimer une personne, investir son âme dans les relations.

Nous avons déjà immédiatement profondément pénétré ensemble avec toi dans nos âmes l'un de l'autre, très fort en tendrement.

Maintenant je veux que tu sois en moi dans mon âme pour toujours.

J'ai compris que tu le voulais aussi.

Déjà aujourd'hui je n'ai pas eu la force de supporter.

Je suis très seul sans ton âme merveilleuse.

Однажды ты встретишь женщину, которая сожжёт тебя изнутри.

Твоё сердце будет изнывать.

Ты не сможешь уйти от неё или забыть, она будет преследовать тебя и во сне…

Ты такая редкая женщина со светлою душой.

Мне нужно еще привыкнуть так называть тебя.

Ты редкая женщина, так близка, так хрупка в моих руках.

Я в сердце сохранил твою улыбку.

Une fois tu rencontreras une femme qui te consumera de l'intérieur.

Ton cœur en sera épuisé.

Tu ne pourras pas la quitter ou l'oublier, elle te poursuivra jusque dans tes rêves…

Tu es cette femme si rare avec une âme lumineuse.

Je dois encore m'habituer à te nommer.

Tu es une femme rare, si proche, si fragile dans mes mains.

J'ai sauvegardé ton sourire dans mon cœur.

Милая, дорогая моя, как мне сейчас хочется за эти все твои душевные слова, за твое внимание ко мне, заботу, нежность и любовь.

Нежно целовать тебя, покрывать поцелуями все твое тело.

Я словно был параллельно все эти годы рядом в твоей судьбе, в твоей душе и в твоем сердце.

Сейчас я чувствую себя полностью настоящим, любящим мужчиной.

Эти последние дни перед встречей самые волнительные в ожидании.

Mignonne, ma chérie, comme je voudrais maintenant ces mots sincères, ton attention à mon égard, soins, tendresse et amour.

Doucement t'embrasser, couvrir tout ton corps avec des baisers.

J'étais toutes ces années en parallèle dans ton destin, dans ton âme et dans ton cœur.

Maintenant, je me sens ton homme complètement, réellement amoureux.

Ces derniers jours avant la réunion sont les plus excitants par anticipation.

Ты живешь в моей душе.

Наверное сильнее уже нельзя любить.

У нас с тобой все есть.

Ты забрала мою душу.

Я хочу,чтобы ты знала-я буду для тебя самым приятным, добрым, прекрасным, нежным и любящим человеком на земле.

Всё что есть во мне лучшего- просто для тебя, от чистого сердца.

Я хочу всё это дарить с любовью и нежностью.

Я ничего у тебя не буду просить, просто будь со мной рядом.

Tu vis dans mon âme.

Probablement il est déjà difficile d'aimer plus.

Nous avons tout avec toi.

Tu as pris mon âme.

Je veux que tu saches que je serai pour toi la plus agréable, douce, belle, et tendre et amoureuse personne sur terre.

Tout ce qu'il y a en moi de meilleur est simplement pour toi du fond du cœur.

Je veux te donner tout cela avec amour et tendresse.

Je ne demanderai rien, simplement sois à côté de moi.

У меня нет ничего, кроме моей Любви к тебе.

Ни ты, ни я, мы не напьёмся друг другом никогда.

Потому что здесь совпало всё!

У меня все равно никого нет, кроме тебя.

Мы полюбили душу друг друга.

Я тебя искренне люблю, поэтому у нас с тобой такая приятная взаимность чувств и отношений.

Наши тела испытывают божественное наслаждение при соприкосновении, прикасании только взглядом и кончиками пальцев.

Ты самая искренняя и любящая женщина в моей жизни.

И это правда так.

Je n'ai rien de pareil que mon amour pour toi.

Ni toi, ni moi, ne serons jamais ivres l'un de l'autre.

Car ici tout coïncide !

Je n'ai personne d'autre comme toi.

Nous avons aimé l'âme l'un de l'autre.

Je t'aime sincèrement, voilà pourquoi nous avons une si agréable réciprocité de sentiments et de relations.

Notre corps ressent le plaisir divin en contact, touchant seulement du regard et du bout des doigts.

Tu es la femme la plus sincère et la plus aimante de ma vie.

Et c'est la vérité.

Запомню тебя нежной, как снежинкой снежной.

Мы оберегаем нашу с тобой любовь, о которой никто не знает.

Я хочу видеть твои счастливые глаза, твою улыбку, твое искреннее счастье.

Сейчас мы с тобой совпали во всем полностью : в желании, в нежности, в искренности.

Полная гармония чувств в наших отношениях.

Ты и правда очень ждешь этой встречи душой.

Я чувствую это.

И я тоже очень хочу этой встречи.

Je me souviens de toi si tendre, comme un flocon de neige.

Nous protégeons avec toi cet amour au sujet duquel personne ne sait.

Je veux voir tes yeux heureux, ton sourire, ton bonheur sincère.

Maintenant, nous avons complètement coïncidé avec toi, dans le désir, dans la tendresse, dans la sincérité.

Harmonie complète des sentiments et dans nos relations.

Tu attends réellement cette rencontre avec ton âme.

Je ressens cela.

Et moi aussi je veux cette rencontre.

Сегодня, когда я ехал в метро, я вдруг очень чётко понял, что я живу в двух параллельно существующих мирах.

Мире, где я должен нести своё тело, что бы выполнять какие-то функции, где моя семья, мой долг, моя нежная и преданная любовь к детям.

И второй мир, который весь Ты, и который разрывает мне душу.

Мир, где я хочу быть только с тобой.

Мир, который я никому не отдам никогда.

Я скучаю по тебе.

Это серьезные слова.

Aujourd'hui, lorsque je voyageais dans le métro, je me suis rendu compte très clairement que je vis dans deux mondes parallèles.

Le monde, où je porte mon corps, pour mener à bien certaines fonctions, où ma famille, mon devoir, mon tendre et fidèle amour pour les enfants

Et le second monde qui est tout en toi et qui me brise l'âme.

Le monde où je veux être seulement avec toi.

Monde que je ne donnerai jamais à personne.

Tu me manques.

Ce sont des mots sérieux.

Я хочу быть с тобой очень нежный и я буду нежно касаться тебя и чтобы это ты чувствовал душой.

Такие чувства не могут не трогать душу.
Сейчас это редкость.

Мы подарим друг другу все самое дорогое, что есть у нас с тобой, наши искренние чувства.

Такой приятных отдых для души и тела, с тобой будет приятна любая нежность, утром очень нежная, вечером более романтическая, и постоянно рядом с тобой на улице держать тебя за руку и иногда нежно целоваться с тобой.

Утром так приятно будет просыпаться с тобой, нежные касания, легкие поцелуи.

Je veux être très tendre avec toi et te toucherai avec tendresse et tu le ressentiras avec ton âme.

De tels sentiments ne peuvent s'empêcher de toucher l'âme.
Ceci est une rareté maintenant.

Nous nous donnons mutuellement l'un à l'autre ce qu'il y a de meilleur en nous, avec toi, nos réels sentiments.

De telles vacances agréables pour l'âme et le corps, avec toi, ce sera une agréable tendresse d'amour, le matin très tendre doux, le soir plus romantique, et constamment à côté de toi dans la rue pour te tenir la main et parfois s'embrasser doucement avec toi.

Dans la matinée, il sera si agréable de me réveiller avec toi dans des tendres touchers des baisers légers.

Я хочу нежно руками и губами касаться тебя, снимая напряжение.

Первые касания и первые поцелуи.

Я буду чувствовать рядом твое нежное тепло тела и твои руки.

Нежные касания губ.

Наши тела будут близки.

Я уже сейчас чувствую, как мы оба хотим быстрее быть вместе.

Эмоции и чувства нас с тобой переполняют.

Когда мужчину и женщину тянет друг к другу, никому их не остановить.

Je veux aussi tendrement toucher tes mains et tes lèvres malgré la distance.

Le premier toucher, et premier baiser.

Je ressentirai ton corps tendre et chaud à côté et tes mains.

Tendre toucher de lèvres.

Nos corps seront proches

Je ressens déjà maintenant que nous voulons tous deux être ensemble au plus vite.

Nos émotions et sentiments débordent entre nous avec toi.

Quand un homme et une femme sont attirés l'un par l'autre rien ne peut les arrêter.

Очень нежным.

Хочу чувствовать тебя душой.

Ты где-то внутри меня теплым ласковым комочком.

Не забывай меня и думай обо мне!

У нас много было с тобой любви спонтанно, мы просто сходили с ума друг по другу.

Это сейчас очень нежное, глубокое и душевное чувство.

Très tendrement.

Je veux te sentir avec mon âme.

Tu es quelque part en moi comme tendre morceau chaud caressant.

Ne m'oublie pas et pense à moi !

Il y eut beaucoup d'amour spontané entre nous avec toi, nous étions simplement faits l'un pour l'autre.

C'est maintenant un sentiment très délicat, profond et sincère.

Моя рука всегда в твоей руке.

Я здесь.

Всегда с тобою рядом.

Хочу, чтобы ты знала- ты у меня в сердце и в душе одна и, кроме тебя, мне никто не нужен.

А душа болит - где ты ?

Родная душа - это тот, у кого есть ключи от наших замков.

Это тепло в сердце, тепло в душе.

Ma main sera toujours dans ta main.

Je suis ici.

Toujours à côté de toi.

Je veux que tu saches que tu es la seule en moi dans mon cœur et dans mon âme, et comme toi je n'ai besoin de personne d'autre.

Mon âme à mal, où est-tu ?

Une âme sœur est toujours celle qui détient les clefs de nos serrures.

C'est de la chaleur pour le cœur, de la chaleur pour l'âme.

Мы будем чувствовать души друг друга.

Мы с тобой очень душевные и нежные, искренне любящие друг друга.

Я тебе буду дарить много моей душевности и нежностис любовью и от сердца. Я тебя давно хочу.

Каждый день хочется быть с тобой рядом.

Если тебя нет, такая боль и тоска на сердце и в душе.

Ты мне очень нужна!

Между нами действительно все очень серьезно.

Мы ждали этого много лет!

Nous ressentirons l'âme l'un de l'autre.

Nous sommes avec toi spirituels et tendres, sincèrement amoureux l'un de l'autre.

Je vais te donner beaucoup de mon âme et de ma tendresse avec de l'amour et du cœur. Je te veux depuis longtemps.

Je veux être avec toi chaque jour à proximité.

Si tu n'es pas là, j'ai une telle douleur et mélancolie dans le cœur et l'âme.

J'ai grand besoin de toi.

Entre nous tout est indubitablement très sérieux.

Nous attendions cela depuis de nombreuses années.

Когда люди любят искренне от души, в их жизни уже не появляются другие мужчины или женщины.

Когда много лет все мысли в голове и душа тянется и скучает по одному и тому же человеку.

Значит это чувство нужно сохранять, ценить и оберегать.

Ты наверное очень странная и редкая для меня.

Вряд ли я встречу еще раз в своей жизни такую женщину как ты.

Quand les gens aiment sincèrement depuis leur âme, il n'apparait déjà plus d'autres hommes ou de femmes dans leurs vies.

Quand de nombreuses années toutes les pensées dans la tête et l'âme durent et qu'il manque une seule et même personne.

Cela signifie que ce sentiment doit être sauvegardé, soigné et protégé.

Tu es très probablement très étrange et très rare pour moi.

Il est peu probable que je retrouve une nouvelle fois dans ma vie une femme comme toi.

Настоящая женщина живет тем, что она чувствует.

Нежностью, страстью, эмоциями, ощущением своей единственности, заботой и пониманием, что она твое сегодня.

Une vraie femme vit par ce qu'elle ressent.

La tendresse, la passion, les émotions, le sentiment de son caractère unique, ses soins et sa compréhension qu'elle est tienne aujourd'hui.

Женщине необходимо слышать!

Слышать, что ты скучаешь, что ждешь встречи, что она нужна тебе!

Только она!

Слышать биение твоего сердца на расстоянии среди суеты будней шумного мегаполиса.

Une femme doit pouvoir entendre !

Entendre qu'elle te manque, que tu attends sa rencontre, que tu en as besoin !

Quelle est unique !

Pour entendre le battement de ton cœur à distance, au milieu de l'agitation de la métropole occupée.

Женщина хочет летать в любом возрасте.

Летать от счастья.

От того, что ей есть для кого жить, есть кого любить, есть кого ждать дома к ужину.

Женщине стихийно необходимо создавать теплоту пространства вокруг для того, чтобы в ней согревалось сердце самого любимого и самого важного для нее мужчины.

Единственного.

Своего.

Une femme veut s'envoler vers l'amour à n'importe quel âge.

S'envoler de bonheur.

Du fait qu'elle a quelqu'un pour vivre, qu'il y a quelqu'un à aimer, qu'il y a quelqu'un à attendre à la maison pour le dîner.

Une femme crée spontanément de la chaleur dans l'espace autour d'elle, de sorte à réchauffer le plus aimé, l'homme le plus important pour elle.

L'unique.

Le sien.

Счастье не надо искать.

Счастье молча трогают губами.

Не бойтесь говорить "Люблю", тому, кто это просто знает,

Рано или поздно с тобой остаются только те люди, которые любят тебя.

Я хочу быть с тобой очень нежным и чтобы ты это чувствовала душой.

Le bonheur ne doit pas être recherché.

Le bonheur doit être touché par les lèvres.

N'ai pas peur de dire « je t'aime » à quelqu'un qui simplement le sait.

Tôt ou tard seules restent avec toi les personnes qui t'aiment.

Je veux être très tendre avec toi et que tu ressentes mon âme.

Когда я буду рядом с тобой, тебе не будет одинока.

Тебе будет приятно и нежно.

Я хочу видеть твои счастливые глаза, твою улыбку, твое искреннее счастье.

Только Любимый Человек может обнять Душу и поцеловать Сердце.

Когда это случится, мы были благодарны.

Когда чувственность и сексуальность переплетаются с любовью – это приводит к апофеозу и это великолепно. но я затрудняюсь представить себе занятие любовью без любви.

Quand je serai à côté de toi, tu ne seras pas seule.

Cela te sera plaisant à entendre.

Je veux voir tes yeux heureux, ton sourire, ton bonheur sincère.

Seule la personne aimée peut câliner l'âme et embrasser le Cœur.

Quand cela survint nous fumes reconnaissants.

Quand la sensualité et la sexualité s'entremêlent d'amour - cela conduit à une apothéose et c'est magnifique, mais je trouve difficile de m'imaginer faire l'amour sans amour.

Ты и правда очень ждешь этой встречи, я чувствую это, и я тоже очень хочу.

Такие чувства не могут не трогать душу, сейчас это редкость.

Мне хотелось бы, чтобы рядом со мной был ты, в присутствии которого мое сердце билось бы ровно и мерно, рядом с тобой мне было бы спокойно, потому что я не боялась бы на следующий день потерять тебя.

И время бы тогда текло медленнее, и мы могли бы просто молчать, зная, что для разговоров у нас впереди еще целая жизнь.

Tu attends réellement cette rencontre avec impatience, je le ressens, et moi aussi je le veux réellement.

De tels sentiments ne peuvent s'empêcher de toucher l'âme, maintenant c'est une rareté.

Je voudrais t'avoir à côté de moi, en présence de toi mon cœur battrait doucement et uniformément, à côté de toi je serais calme, parce que je n'aurais pas peur le lendemain de te perdre.

Et le temps s'écoulerait alors plus lentement, et nous pourrions simplement garder le silence, sachant que pour les conversations nous avons encore toute une vie devant nous.

Мне от жизни нужно совсем немного.

Просыпаться рядом.

Засыпать вместе.

Твоя искренняя улыбка и совместные планы.

Сейчас в моей жизни есть такая замечательная женщина это ты, которого я правда очень боюсь потерять.

С которым у меня стали счастливые глаза и улыбка на моем лице, который подарил мне свою нежность внимание и заботу и я чувствую ты словно лепишь из меня мужчинудля себя и очень податливый в твоих руках.

J'ai besoin de très peu dans la vie

Me réveiller à coté

Dormir ensemble

Ton sourire sincère et nos plans communs.

Maintenant dans ma vie il y a une personne tellement merveilleuse c'est toi, que j'ai vraiment peur de perdre.

Avec qui j'ai les yeux joyeux et un sourire sur le visage, qui m'a donné sa tendresse, réciprocité et ses soins et je sens que tu me façonnes en moi, un homme pour toi, et je suis très souple entre tes mains.

Если ты любишь человека таким, какой он есть, то ты любишь его.

Счастью Внутри человека хранится.

Твой человек, это тот, кто тебя греет изнутри.

Это дикая дрожь, когда он прикасается к тебе.

Это дикая дрожь.

Si tu aimes une personne pour ce qu'elle est, alors tu l'aimes.

Le bonheur est gardé à l'intérieur de la personne.

Ta personne, c'est celle qui te réchauffe de l'intérieur.

C'est un tremblement sauvage quand elle te touche.

C'est un tremblement sauvage.

Ты будешь одна в моей жизни.

Я это уже знаю...так будет...

Моя любимая женщина.

Это твой пульс зовущий через расстояние.

Моя душа для тебя слишком открыта, я не могу тебе лгать.

Ты меня чувствуешь полностью.

Я счастлив, когда мы вместе.

Я думаю, ты – моя половинка

Tu seras la seule dans ma vie.

Je sais déjà cela ... ce sera ainsi...

Ma femme aimée.

C'est ton pouls appelant à travers la distance.

Mon âme est immensément ouverte pour toi, je ne peux pas te mentir.

Tu me ressens complètement.

Je suis heureux quand nous sommes ensemble.

Je pense que tu es ma seconde moitié.

Дорогая я сейчас чувствую, что мы оба не можем друг без друга.

Хочется быть с тобой одним целым безумно нежным и очень приятным.

Знаешь.

Мне так хочется дарить тебе так много душевной нежности и видеть твою улыбку радость и может быть даже слезы счастья.

Сегодня это были слезы счастья.

Ma chérie, je sens maintenant que nous ne pouvons pas à nouveau l'un sans l'autre.

Je veux être avec toi comme un tout follement tendre et très agréable.

Tu sais.

Je veux tellement te donner tant de tendresse sensuelle et voir ton sourire de joie, et peut-être même déjà des larmes de bonheur.

Aujourd'hui c'était des larmes de bonheur

Я очень сильно чувствую, что ты хочешь меня реальную полностью и навсегда.

Ты хочешь быть глубоко в моей душе.

Чтобы мы уже никогда не смогли расстаться с тобой и принадлежали друг другу.

Мне не нужен идеальная.

Мне нужен тот, кто не бросит ни при каких обстоятельствах.

Это ты!

Je ressens très fortement, que tu me veux réellement complètement et pour toujours.

Tu veux être profondément dans mon âme.

Que nous ne puissions jamais nous séparer avec toi et que nous appartenions l'un à l'autre.

Je n'ai pas besoin d'une personne idéale.

J'ai besoin de quelqu'un qui ne m'abandonnera jamais.

C'est toi !

Ты хочешь проникать в мою душу ещё и ещё.

Самая внутренняя глубокая частичка моей сущности, **моей души.**

Нежная и душевная, скромная и трепетная в желаниях, романтичная и мечтательная.

Природная, врожденная, редкая душевная нежность.

Когда ты любишь, не нужна свобода.

Тебе дороже глаз любимых плен

К чему свобода, если рядом тот кто - тебе готов отдать весь мир взамен.

Tu veux pénétrer en moi dans mon âme encore et encore.

La partie la plus profonde de l'essence de mon âme.

Douce et sincère, modeste et tremblante dans les désirs, romantique et rêveuse.

Une tendresse spirituelle naturelle innée, une rare tendresse dans ton âme.

Quand tu aimes, tu n'as pas besoin de liberté.

Tu es le plus chers aux yeux de tes proches.

Pourquoi la liberté, s'il y a quelqu'un à proximité – pour qui tu es prêt à donner le monde entier en retour.

Наше ожидание с тобой долгое.

Поэтому все будет быстро и очень приятно.

Сейчас так приятно с тобой это ожидание и много нежности и трепет в душе и так много желания.

Мы с тобой готовы к этой встрече, очень считаем последние дни и часы.

Мне очень хочется быстрее быть с тобой нежный касаться тебе чувствовать быть с тобой каждую минутку все эти дни.

Бывают дни когда нужна тишина, спокойствие и тишина и больше ничего не надо.

Notre attente avec toi est longue.

Alors tout sera rapide et très agréable.

Maintenant, c'est tellement agréable avec toi cette attente et beaucoup de tendresse et des tremblements dans l'âme et tellement de désir.

Nous sommes prêts pour cette rencontre avec toi, très, nous comptons les dernières heures et jours.

Je veux tellement vite être avec toi, tendrement te toucher, te sentir, chaque minute de ces jours.

Il y a des jours quand le silence est nécessaire, le calme et le silence et rien de plus n'est nécessaire.

Я очень сильно соскучился по тебе.

Хочу уже реально чувствовать тебя, наслаждаться твоим телом, нашей нежностью, поцелуями и ласками.

Мы готовы дарить много всего приятного друг другу.

Всё будет взаимно нежно, с заботой, вниманием и уважением.

Я открываю для тебя все свои двери моей души и тела.

Ты живешь во мне, каждую минуточку мысли о тебе и желания быть рядом с тобой.

Tu me manques tellement si fort.

Je veux déjà réellement te sentir, apprécier ton corps, notre tendresse, baisers et caresses.

Nous sommes prêts à donner beaucoup de plaisir l'un à l'autre.

Tout sera réciproque tendre attentionné et respectueux.

Je t'ouvre toutes les portes vers mon âme et mon corps.

Tu vis en moi, je pense chaque minute à toi avec désir d'être près de toi.

Я тебя ждал очень много лет.

Держи мою руку и никогда не отпускай, даже на том расстоянии, на котором мы сейчас.

Это необыкновенно чувственно.

Это больше, чем эротика.

Это чувства.

Сейчас мы уже поняли, что больше не можем друг без друга.

Нам нужна эта встреча.

Je t'ai attendue tant d'années.

Tiens ma main et ne lâche jamais, malgré à la distance à laquelle nous sommes maintenant.

C'est incroyablement sensuel.

C'est plus qu'érotique.

Ce sont des sentiments.

Maintenant, nous comprenons déjà, que nous ne pouvons plus l'un sans l'autre.

Nous avons besoin de cette rencontre.

Трудно и наверное невозможно еще раз в жизни встретить такую душевность нежность желание и привязанность как у нас с тобой, наверное так бывает только раз в жизни.

Я счастливый, что ты слышишь, как моё сердце стучит.

Боже!

Как я хочу тебя поцеловать сейчас.

Я хочу , чтоб это никогда не кончалось.

Il est difficile et probablement impossible de retrouver encore une fois dans la vie une telle spiritualité, tendresse, désir et affection, comme nous avons avec toi, cela ne se produit probablement qu'une seule fois dans sa vie.

Je suis heureux que tu puisses entendre battre mon cœur.

Mon Dieu !

Comme je veux t'embrasser maintenant.

Je veux que cela ne finisse jamais.

У тебя сейчас очень часто возникает желание ко мне с душевной нежностью.

Я это чувствую.

Мы уже с тобой знаем, что скоро будем вместе и будем очень нежны и близки.

Я очень чувствую.

С такой внутренней силой.

Я очень скоро все это почувствую реально еще осталось чуть чуть.

Tu as maintenant très souvent des désirs à mon égard, avec tendresse et spiritualité.

Je ressens cela.

Nous savons déjà que nous serons ensemble bientôt et serons très affectueux et proches.

Je le ressens fortement.

Avec une telle force intérieure.

Je vais très vite ressentir tout cela vraiment, encore un tout petit peu plus.

Мы встречаемся.

У человека есть потребность в любви и в страсти.

Хорошо, если источник любви и страсти один и тот же.

Быть самым верным, честным, преданным, жизнь перевернёт.

Но это не гарантирует ровным счётом ничего.

Мы осторожны в желаниях.

Хотим чтобы всё было нежно и очень приятно для нас.

Nous, nous rencontrons.

Une personne a besoin d'amour et de passion.

Et c'est bien, si la source de l'amour et de la passion est la même.

Être le plus loyal, honnête, fidèle, la vie tournera autour.

Mais cela ne garantit rien.

Nous sommes prudents dans les désirs.

Nous voulons que tout soit tendre et agréable pour nous.

Моя дорогая.

Подумай обо мне, я дотянусь душою к тебе издалека.

И может ты почувствуешь, как трепетно ласкает тебя моя незримая, но нежная рука.

У нас с тобой самое нежное и самое близкое приятное чувство, что может быть между мужчиной и женщиной.

Я дотянусь Душою.

Ma chérie.

Pense à moi, je t'atteindrai avec mon âme de loin.

Et peut-être que tu sentiras comment ma main invisible mais tendre te caresse en tremblant.

Nous avons avec toi le plus doux sentiment le plus agréable et proche qui puisse être entre un homme et une femme.

J'atteindrai l'âme.

Моя дорогая, мне очень сейчас с тобой нежно и уютно.

Но скоро еще будет с тобой приятнее во всем.

Я тебя смогу видеть реальную и все наши нежности мы можем дарить друг другу.

Я тоже мечтаю о встрече, потому что будет первое касание друг друга.

Я так давно хочу к тебе прижиматься, к такой теплой и нежной.

Слышать твой голос, наверное первый раз в жизни.

Хочется для тебя всё делать с душой и нежно.

Хочу чтобы мы были счастливы вместе.

Ma chérie, je suis avec toi maintenant très affectueusement et tendrement.

Mais bientôt ce sera plus agréable avec toi en tout.

Je peux te voir réellement, et pouvons-nous donner l'un à l'autre toute la tendresse que nous avons.

Je rêve aussi de la rencontre parce ce sera le premier toucher l'un de l'autre.

Je veux depuis si longtemps te câliner pour ta chaleur et ta tendresse.

Entendre ta voix, probablement pour la première fois de ma vie.

Je voudrais tout faire pour toi tendrement avec mon âme.

Pour que nous soyons heureux ensemble.

У меня к тебе появилась такая сильная влекущая нежность видеть и чувствовать тебя.

Я сейчас понял, как мне тебя не хватало все эти годы.

Мы и сейчас счастливы с тобой в ожидании этой встречи и уже совсем скоро все будет реально, еще более нежно душевно и чувственно.

И может ты почувствуешь, как трепетно ласкает тебя душа моя.

J'ai une forte attraction pour toi, une si forte tendresse à te voir et de te sentir.

J'ai désormais compris combien tu m'as manqué toutes ces années.

Nous sommes maintenant heureux avec toi d'attendre cette réunion et très bientôt tout sera réel, encore plus tendre, spirituel et sensuel.

Et peut-être que tu sentiras comment mon âme invisible te caresse.

Мне без тебя трудно, несколько часов любви наполнят нашу жизнь радостью.

Мы будем мужественны при расставании, судьба не даёт нам много времени.

И никогда не перестану любить тебя.

Я тебя чувствую, хочу сохранять и оберегать наши с тобой нежные чувства.

Я ТЕБЯ БЕЗУМНО ЛЮБЛЮ !

Я благодарю наших Ангелов-хранителей, которые оберегают нас друг для друга.

Cela m'est difficile pour moi sans toi, quelques heures d'amour vont combler notre vie de joie.

Nous serons courageux durant la séparation, le destin ne nous donne pas beaucoup de temps.

Et ne cesserai jamais de t'aimer.

Je te ressens, et je veux conserver et protéger nos tendres sentiments avec toi.

JE T'AIME A LA FOLIE !

Je remercie nos anges gardiens qui nous protègent l'un l'autre.

Нас сейчас с тобой разделяют расстояния.

Но я душой чувствую тебя.

И ничего не могу с этим поделать.

Я так чувствую тебя!

Несколько часов счастья для нас-это целая жизнь.

Жизнь, без которой я уже не могу дышать.

Ты могла бы жить без меня?

Ты уже об этом думала?

Nous sommes maintenant avec toi séparés par la distance.

Mais je te ressens avec mon âme.

Je ne peux rien faire contre cela.

Je te ressens !

Quelques heures de bonheur pour nous, c'est une vie entière.

La vie, sans laquelle je ne peux plus respirer.

Tu peux vivre sans moi ?

Tu as déjà pensé à cela ?

Я позволяю себе мечтать о нас, я могу часами думать о тебе, в мечтах, это очень красиво, нежно и страстно, порой, это доводит меня до слёз, я знаю, что придётся снова расстаться, возможно навсегда, но ничего с этим не поделать.

Мне с тобой спокойно, потому что я многое знаю о тебе, а ты обо мне, нежно реально, мы очень во многом с тобой совпадаем и еще мы с тобой очень совпадаем в желаниях, я тебя никогда не забуду.

Ты живёшь во мне и не отпускаешь и я хочу этой любви к тебе от тебя.

Всем своим сердцем люблю тебя!

Je me permets de rêver de nous, je peux penser à toi pendant des heures, c'est très beau, tendre et passionné, parfois cela me fait pleurer jusqu'aux larmes, je sais qu'il faudra de nouveau se séparer, peut-être pour toujours, mais rien ne peut être fait à ce sujet.

Je suis avec toi, parce que je sais beaucoup de toi, et toi à propos de moi, tendrement réellement, nous coïncidons beaucoup avec toi, nous coïncidons encore beaucoup avec toi dans des désirs, je ne t'oublierai jamais.

Tu vis en moi et ne me lâches pas, et je veux cet amour pour toi de ma part.

De tout mon cœur, je t'aime !

Моя дорогая, Боже мой сколько добрых душевных слов я хочу написать тебе сейчас, я чувствую, что все от души. Я твой и всегда буду твой, что бы ни случилось в жизни. Ты всегда помни об этом.

И я буду благодарить тебя за это до конца моей жизни.

Мы много лет хотим друг друга, мы долго ждали этой встрече, мы ждали когда оба будем готовы все много раз обдуманно и серьезно.

Мы хотим этого.

Как сильно будут стучать наши с тобой сердца.

Ma chérie, Mon Dieu, combien de mots sincères je veux écrire pour toi maintenant, je ressens que tout est avec toute mon âme. Je suis à toi je serai toujours à toi, quoi qu'il arrive dans la vie, tu te souviendras toujours de cela.

Et je te serai reconnaissant pour cela jusqu'à la fin de ma vie.

Nous nous voulions l'un l'autre depuis longtemps, nous avons longtemps attendu cette rencontre, nous attendions quand nous serions à nouveau prêts de nombreuses fois, délibérément, sérieusement.

Nous voulons cela.

Combien nos cœurs avec toi vont battre si fort.

Так хочется просто быть рядом с тобой, моей женщиной, искренне любящей меня.

Когда твоя Душа заполняет мою душу, как губка, моя душа всегда открыта для тебя.

Поэтому у меня с тобой всегда все искренне.

Я подарю тебе свою душу.

Ты очень внимательная.

Я испытываю большое   наслаждение и любовь, когда наши души соприкасаются.

Наверное, я единственный, кто ценит и любит тебя во всех твоих, даже самых незначительных движениях твоей души.

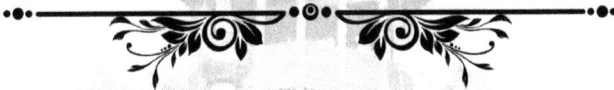

***

Je voudrais simplement être à côté de toi, ma femme sincèrement amoureuse de moi.

Quand ton âme remplit la mienne, toute ton âme comme une éponge, mon âme est toujours ouverte pour toi.

Parce qu'avec toi tu tout est sincère.

Je te donne mon âme.

Tu es très attentionnée.

Je ressens beaucoup de plaisir et d'amour quand nos âmes sont contiguës.

Je suis probablement le seul à apprécier et à t'aimer, déjà même dans les plus sincères et insignifiants mouvements de ton âme.

Ты живешь в моей душе.

Завидую воздуху, потому, что, что ты вдыхаешь его запахи, теперь ты знаешь, каково любить по-настоящему.

Воспоминания не умирают во мне, они возрождаются с новой силой как будто Бог испытывает меня, а Дьявол дразнит, потому что мы с тобой очень нежные и душевные и сейчас живем друг для друга.

Возможности смотреть в твои глаза и видеть в них любовь и желание.

Обнимать и ласкать тебя, дарить всю свою нежность и преданность, заботиться о тебе.

Tu vis dans mon âme.

J'envie l'air car tu respires son odeur, désormais tu sais réellement ce qu'est aimer.

Les souvenirs ne meurent pas en moi, ils renaissent avec une vigueur renouvelée comme si Dieu me teste, et le diable se moque, parce que nous sommes très affectueux et spirituels et vivons désormais l'un pour l'autre.

La possibilité de regarder tes yeux et de voir en eux amour et désir.

T'étreindre et te caresser, te donner toute ma tendresse et mon dévouement, prendre soin de toi.

Женщина должна чувствовать и ощущать любовь, а не слушать о любви.

Красиво говорить умеют все, а красиво любить не многие.

Мы очень близки- ты и я.

Для меня эта душевная встреча будет первой в моей жизни с такой любовью и нежностью, с таким желанием.

Мне бесконечно жаль времени, которое я провожу без тебя.

Ты для меня всегда будешь моя.

Сейчас мы с тобой совпали во всем полностью :

В желании...в нежности...в искренности...полная гармония чувств и в наших отношениях тоже.

Une femme doit sentir et ressentir de l'amour, et ne pas écouter l'amour.

Beaucoup peuvent parler avec beauté, mais aimer avec beauté très peu le peuvent.

Nous sommes très proches toi et moi.

Pour moi cette rencontre sincère sera la première de ma vie avec un tel amour tendresse et désir.

Je suis infiniment désolé pour le temps que je passe sans toi.

Tu seras toujours mienne pour moi.

Maintenant, nous sommes avec toi complètement faits l'un pour l'autre :

Dans le désir ... dans la tendresse ... dans la sincérité ... une complète harmonie des sentiments et dans nos relations aussi.

В моей жизни никогда ранее не было такой искренне нежной, душевной, любящей женщины, как ты!

Когда мы окружаем себя хорошими людьми и добрыми мыслями – жизнь начинает меняться в лучшую сторону.

Я тоже заметил эту закономерность, хорошее притягивает хорошее.

Я подарю тебе всё, что есть во мне лучшего.

Открою тебе всю свою душу.

Так нежно и так душевно в нашей с тобой жизни будет первый раз, поэтому мы и хотим это очень чувствовать душой, это будет безумно приятно для нас с тобой.

Dans ma vie, il n'y a jamais eu auparavant une telle femme véritablement tendre et aimante qui m'aime comme toi.

Lorsque nous nous entourons de bonnes personnes et de bonnes pensées, la vie commence à changer pour le mieux.

J'ai également remarqué cet adage, le bon attire le bien.

Je te donne tout ce qui est en moi le meilleur.

Je t'ouvre toute mon âme.

Si tendre et si sincère dans notre vie avec toi ce sera pour la première fois, c'est pourquoi nous le voulons tellement, ressentir l'âme, ce sera follement agréable pour nous avec toi.

Теперь, каждый вечер, я жду нашей встречи.

Мы поедем с тобой домой и все приятное случится с нами.

Я это чувствую сердцем.

Уже сейчас наши сердца стучат в унисон.

В данный момент - очень возможно.

Мне хочется обручиться и обменяться с тобой душевными подарками, которые будут всегда рядом с нами.

Душевные моменты очень **сближает** людей и запомнится надолго.

Maintenant, tous les soirs, j'attends notre rencontre.

Nous irons avec toi à la maison et tout va agréablement nous arriver.

Je ressens cela avec mon cœur.

Maintenant déjà, nos cœurs battent à l'unisson.

A ce point c'est fort probable.

Je souhaiterais me fiancer et échanger avec toi des souvenirs sensuels qui seront pour toujours avec nous.

Les moments sensuels rapprochent beaucoup les gens et on s'en souvient pour longtemps.

Время оказалось не способным стереть тебя из моей памяти.

Всем своим существом я жажду.

Моё сердце трепещет.

Я буду тебя также искренне любить и дарить много разной нежности тебе.

Такой нежности, которую ты ждала всю свою жизнь

Всем своим существом я жажду.

Le temps n'a pas pu t'effacer de ma mémoire.

J'ai hâte de toute mon âme.

Mon cœur tremble.

Je t'aimerai toujours sincèrement et te donnera beaucoup de différentes tendresses pour toi.

Le genre de tendresse que tu attendais toute ta vie.

J'attends de tout mon être.

Мне очень важно чувствовать что ты для меня.

Глубоко в моей душе, это очень сильная любовь.

О любви и нежности с тобой, я буду вспоминать всю жизнь.

Я ничего не буду у тебя просить.

Мне ничего не нужно, просто спасибо что ты есть и будешь какое то время со мной.

Просто должны чувствовать всем своим существом.

Я жажду этого.

Я обожаю это.

Я ценю это.

Cela est très important ressentir que tu es pour moi.

Profondément dans mon âme, c'est un amour très fort.

De l'amour et de la tendresse avec toi, je me souviendrais toute ma vie.

Je ne demanderai rien.

Je n'ai besoin de rien, simplement merci pour ce que tu es et seras un certain temps avec moi.

Cela doit simplement se ressentir de tout son être.

Je suis en attente de cela.

J'adore cela.

J'apprécie cela.

Я думаю о тебе с нежностью.

Во мне и правда тихая, глубокая нежность.

Знаешь, я чувствую эту нежность душой.

Мне хочется касаться тебя легко и тепетно.

Мы будем с тобой вместе, и все случится между нами реально нежно и глубоко.

Сейчас такую любовь можно очень редко встретить.

Чтобы люди просто любили друг друга нежно, мы просто искренне любим, будет очень много нежности, приятных касаний, мы будем чувствовать друг друга душой.

Наполняется душа новой силою.

Je pense à toi avec tendresse.

En moi il y a réellement une profonde tendresse.

Tu sais que je ressens cette tendresse dans mon âme.

Je veux toucher facilement et très agréablement.

Nous serons ensemble avec toi, et tout se passera entre nous réellement tendrement et profondément.

Désormais, ce genre d'amour peut très rarement être rencontré.

Des personnes qui s'aiment les uns les autres simplement doucement, nous, nous aimons sincèrement, il y aura beaucoup de tendresse, des touchers agréables, nous nous sentirons l'âme l'un de l'autre.

L'âme est remplie d'une force nouvelle.

Жизнь предоставила мне мало времени, проведённого времени, когда мы были вместе.

Но ни на одну минуту я не расставался с тобой.

Ты всегда со мной.

Всегда!

Ты очень изменилась за последнее время.

Я чувствую покой в твоей душе, и мне кажется ты даже немного счастлива.

У нас и правда очень красивая нежная любовь.

В нашей с тобой любви мы меняемся и становимся лучше, добрее, нежнее, душевнее.

La vie m'a donné un peu de temps, pour le temps où nous étions ensemble.

Mais je ne t'ai pas quittée d'une minute.

Tu es toujours avec moi.

Toujours !

Tu as beaucoup changé ces derniers temps.

Je ressens la paix dans ton âme et je voudrais que tu sois déjà un peu heureuse.

Nous avons vraiment un amour très beau et tendre.

Dans notre amour avec toi, nous avons changé et sommes devenus meilleurs, plus tendres et plus sensuels.

Это для тебя мои сообщения.

Может быть потом ты еще раз их перечитаешь.

Я тебе многое хотел в них сказать, чтобы ты лучше понимала меня.

Я в своей жизни первый раз решился на такой поступок.

Встречу с тобой.

Мне для этого обдуманного шага понадобилось много лет.

Да, ты мне нужна.

Я хочу узнать, почувствовать, познакомиться с тобой поближе и реально.

C'est ma correspondance pour toi.

Peut-être que tu les lis encore.

Je voulais vraiment t'en dire beaucoup, afin que tu me comprennes mieux.

Pour la première fois dans ma vie, j'ai décidé d'un tel acte.

Une rencontre avec toi.

Pour cette étape délibérée, cela m'a pris de nombreuses années.

Oui, j'ai besoin de toi.

Je veux te connaitre, ressentir et faire ta connaissance réellement à proximité.

Когда люди любят искренне от души...в их жизни уже не появляются другие мужчины или женщины, а если появляются, это значит и не было никакой любви и душевного понимания и влечение.

Тогда людям не о чем сожалеть, значит между ними ничего серьезного не было.

А когда много лет все мысли в голове и душа тянется и скучает по одному и тому же человека, значит это чувство нужно сохранять ценить и оберегать.

Сейчас мой мир это ты, ты очень глубоко в моем мире в моей душе в моем сердце, с тобой было лучшее время в моей жизни.

Quand les gens aiment sincèrement du cœur, d'autres hommes ou femmes n'apparaissent déjà plus dans leur vie, et s'ils apparaissent, cela signifie qu'il n'y avait pas d'amour, de compréhension et d'attraction spirituelle.

Alors les gens n'ont rien à regretter, cela signifie qu'entre eux rien n'était sérieux.

Et quand de nombreuses années dans toutes les pensées dans la tête et l'âme s'entremêlent et que la même unique personne vous manque, cela signifie alors que ce sentiment doit être apprécié et protégé.

Désormais mon monde c'est toi, tu es très profondément dans mon monde, dans mon âme et dans mon cœur, avec toi ce furent les meilleurs moments de ma vie.

Ни ты, ни я, мы не напьёмся друг другом никогда.

Потому, что здесь совпало всё.

Мы полюбили душу друг друга.

Воспоминания не умирают во мне, наши тела испытывают божественное наслаждение при соприкосновении, прикасании только вглядом и кончиками пальцев.

Я никого не вижу рядом, кроме тебя, хоть ты и далеко.

Я люблю когда долго могут дружить и любить, для меня это самое главное и очень важно.

Ni toi ni moi, ne serons jamais ivres l'un de l'autre.

Parce que tout a coïncidé ici.

Nous avons aimé les âmes de l'un et de l'autre.

Les souvenirs ne meurent pas en moi, nos corps expérimentent le plaisir divin au toucher, ne touchant qu'avec le regard et du bout des doigts.

Je ne vois personne à côté de moi qui soit comme toi malgré que tu sois loin.

J'aime quand on peut être longtemps dans l'amitié et l'amour, pour moi cela est la chose principale, le plus important.

Мужчина находит в жизни и любит свою одну женщину.

Я люблю людей от души.

Я часто чувствую людей.

У меня все равно никого нет, кроме тебя, тебя самая искренняя и любящая женщина в моей жизни, и это правда так, потому что мы с тобой очень нежные и душевные и сейчас живем друг для друга.

Если нам все понравится вместе, встречи возможны чаще, жизнь становится еще короче.

Кто любит — тот горит внутри.

Любовь Твоя Как Пламя.

Внутри меня горит.

Un homme trouve dans la vie et aime sa femme unique.

J'aime les personnes avec mon âme.

Je ressens souvent les personnes

Je n'ai personne comme toi, tu es la femme la plus sincère et la plus amoureuse de ma vie, et c'est réellement cela, parce que nous sommes avec toi très tendres et sensuels, et vivons désormais l'un pour l'autre.

Si nous aimons être ensemble, des réunions seront possibles plus souvent, et la vie sera plus courte.

Celui qui aime brûle de l'intérieur.

Ton amour est comme une flamme.

Je brûle à l'intérieur.

Поэтому мы и оберегаем нашу с тобой любовь, о которой никто не знает, только ты и я.

Муж и жена.

У нас все с тобой будет.

Я тебя искренне люблю, поэтому у нас с тобой такая приятная взаимность чувств и отношений

Я тебя очень хорошо понимаю.

У меня к тебе только искренние чувства.

Но теперь я думаю, что знал тебя очень давно всю жизнь.

Par ce que nous protégeons notre amour avec toi, au sujet duquel personne ne sait.

Mari et femme.

Ce sera ainsi entre nous.

Je t'aime sincèrement parce que nous avons entre nous une si agréable réciprocité de sentiments et de relations mutuelles.

Je te comprends très bien.

J'ai pour toi de uniquement de sincères sentiments.

Mais maintenant je pense que je te connaissais déjà depuis longtemps, depuis toute ma vie.

Я очень сильно соскучился по искренней женщине.

Касание, дыхание.

Ты запомнишь.

Ты запомнишь меня.

Ты запомнишь.

Касание и нежности самое важное для меня.

Я для тебя буду делать всё от души, чтобы тебе и мне было приятно.

Ведь так долго мы с тобой этого ждали, чувствовали душой.

Cela m'a longuement manqué de ressentir avec toi la sincérité féminine.

Le toucher, la respiration.

Tu te souviens de moi.

Tu te souviens

Le toucher et la tendresse sont la chose la plus importante pour moi.

Je ferai tout avec toi avec mon âme, pour que ce soit agréable pour toi et moi.

Car, depuis si longtemps, nous attendions cela, ressentir l'âme.

Я знаю, ты очень много лет ждал встречи, для души.

Я хочу только тебя, и так могу только с тобой.

Мне нужно было много лет, чтобы мы с тобой научились понимать друг друга, быть в гармонии.

Это мое решение обдуманное годами, и все очень серьезно.

Je sais que tu as attendu beaucoup d'années une rencontre pour l'âme

Je ne veux que toi, et donc je ne peux qu'avec toi.

J'ai eu besoin de nombreuses années pour que nous, apprenions à nous comprendre l'un l'autre avec toi, être en harmonie.

C'est ma décision délibérée depuis des années, et tout est très sérieux.

Я очень сильно соскучился по твоему телу.

Мне хочется чувствовать твоему телу, касаться тебя нежно пальчиками, ласкаться щекой.

И чувствовать и вдыхать твой аромат тела.

Я хочу с тобой все очень нежно.

Чтобы было тихо и мы слышали дыхание друг друга.

Наши ласки.

Наши с тобой стоны.

Ton corps me manque très fort.

Je voudrais sentir ton corps, te toucher tendrement avec les doigts, caresser ta joue.

Et ressentir et respirer le parfum de ton corps.

Je veux avec toi que tout soit doux.

Que ce soit calme et que nous entendions la respiration l'un de l'autre.

Nos caresses.

Nos gémissements avec toi.

Я буду с тобой.

Я буду улыбаться, буду открывать тебе свою душу и полностью доверяться тебе.

Мне будет с тобой очень нежно.

Тихо и спокойно, близость с тобой будет очень нежная, тихо много нежности и ласк, наше дыхание, наши руки и губы.

Наша близость будет очень нежная.

Хочу чувствовать тебя душой.

Любовь Твоя живет внутри меня.

Je serai avec toi.

Je sourirai, je t'ouvrirai mon âme et me donnerai complètement à toi.

Je serai très doux avec toi.

Tranquillement et calmement, l'intimité avec toi sera très douce, beaucoup de douce tendresse et de caresses, notre respiration, nos mains, nos lèvres.

Notre intimité sera très douce.

Je veux te sentir avec mon âme.

Ton amour vit en moi.

Я благодарю Господу, что мне суждено было встретить тебя, узнать тебя так близко, быть с тобой, познать с тобой такую красивую долгую нежную любовь душой.

Да я рад, что у нас с тобой не случилось все быстро.

Мне нужно было время.

Тебе тоже наверное нужно было разобраться во многом

Наверное, у тебя внутри есть какой-то страх.

Я задыхаюсь от любви если рядом ты.

Твоя настоящая любовь внутри меня.

Есть внутри меня надежда в руках твоих.

Je suis reconnaissant au Seigneur pour avoir été destiné à te rencontrer, à te connaître de près, être avec toi, connaître avec toi un amour tellement beau, durable, tendre de l'âme.

Oui, je suis content que nous ne soit pas survenu vite avec toi.

J'avais besoin de temps.

Toi aussi, probablement, tu avais besoin de régler beaucoup de choses.

Il y a probablement beaucoup de peurs en toi.

Je suffoque d'amour quand tu es à côté.

Ton amour véritable est à l'intérieur de moi.

A l'intérieur de moi l'espoir de tes mains.

Я не отдаю свое сердце, пока не найду своего человека!

Можно по- разному написать, я такой страстный.

Я не путаю дружбу и любовь.

На деле это разные вещи.

Я отдам своё сердце, если ты доверишься мне.

Я отдам тебе душу, подарю свое сердце, ты люби меня, только люби, ключик от моего сердца в твоих руках.

Je ne donne mas mon cœur tant que je n'ai pas trouvé une bonne personne pour moi !

Et si je peux l'écrire différemment, je suis une personne passionnée

Je ne confonds pas l'amitié avec l'amour.

Ce sont en fait deux choses différentes.

Je vais donner mon cœur si tu me fais confiance.

Je vais te donner mon âme, te donner mon cœur, aime-moi, seulement aime moi, la clef de mon cœur est entre tes mains.

Ты души моей частичка!

Мы сейчас как две половинки.

Я всю жизнь искал такую!

Возьму тебя на руки, и буду целовать.

В жизни есть отрезки времени, в которые нам с кем-то хорошо.

Три минуты.

Два дня.

Пять лет.

Всю жизнь.

Когда слезы то да слов нет, когда чувствует душа и стучит сердце, что есть такой человек, не нужно слов, все в чувствах.

Tu es une partie de mon âme !

Nous sommes maintenant comme deux moitiés.

J'ai attendu cela toute une vie !

Tenir ta main, je l'embrasserai.

Dans la vie il y a ces durées de temps dans lesquelles il y a avec nous quelqu'un avec qui tout est bon.

Trois minutes.

Deux jours

Cinq ans.

Toute une vie.

Quand il y a des larmes et aucun mot, quand tu le ressens dans ton âme et que le cœur bat, parce qu'il y a cette personne, les mots ne sont pas nécessaires, tout est dans des sentiments.

Дорогая Моя, это очень душевные, приятные слезы.

Слезы чувств, глубина приятных переживаний.

Когда понимаешь, что в жизни оказывается есть такие душевные люди.

В общении и близости.

С которыми так спокойно быть вместе.

Покой в душе. Покой в сердце. Покой в жизни.

Так как должно быть, чтобы чувствовать себя счастливым.

Ma Chérie, ce sont là des larmes agréables et très sincères.

Larmes de sentiments, d'agréables et profondes expériences.

Quand tu comprends qu'il s'avère être dans la vie de telles personnes sensuelles.

Dans la communication et l'intimité.

Avec lesquelles il est possible d'être paisiblement

La paix dans l'âme. La paix dans le cœur. La paix dans la vie.

Cela doit être ainsi pour se sentir soi-même heureux.

Когда мы видим мир глазами любви, он открывает нам свои лучшие.

Так хочется просто быть рядом с тобой, моей женщиной, искренне любящей меня.

Когда твоя Душа заполняет мою душу, как губка, моя душа всегда открыта для тебя.

Поэтому у меня с тобой всегда все искренне.

Я подарю тебе свою душу, ты изумительна, между намирасстояние.

Но есть это ощущение друг друга через расстояние, это чувствуется ты мог даже не говорить свет из глаз струится, струятся, как вода, я останусь поцелуем на губах.

Обещаешь лаской.

Quand nous voyons le monde à travers les yeux de l'amour, il révèle le meilleur de nous.

Je voudrais simplement être à côté de toi, ma femme sincèrement amoureuse de moi.

Quand ton âme remplit la mienne, toute ton âme comme une éponge, mon âme est toujours ouverte pour toi.

Parce qu'avec toi tu en moi est sincère.

Je te donne mon âme à ton âme, tu es incroyable, malgré la distance.

Mais il y a ce sentiment de l'un pour l'autre à travers la distance, tu n'as pas besoin de parler la lumière des yeux ruisselle, coulant comme de l'eau, je resterai comme un baiser sur les lèvres.

Promets-moi des caresses.

Ты очень внимательная.

Сердце тебя не отпускает.

Я испытываю большое наслаждение и любовь, когда наши души соприкасаются.

Наверное, я единственный, кто ценит и любит тебя во всех твоих, даже самых незначительных движениях твоей души.

Я был с тобой рядом и понял, почему я хотел быть с тобой так много лет, это самые счастливые дни рядом с тобой в моей жизни, жизнь рядом стобой была и моим лучшим временем.

    Ты живешь в моей душе.

Tu es très attentionnée.

Mon cœur ne te lâche pas.

J'ai du plaisir à asseoir mon âme à côté de la tienne et de t'aimer, quand nos âmes sont étroitement jointes.

Je suis probablement le seul à apprécier et à t'aimer, déjà même dans les plus sincères et insignifiants mouvements de ton âme.

J'étais avec toi et j'ai compris pourquoi je voulais être avec toi pendant tant d'années, ce sont les jours les plus heureux à côté de toi dans ma vie, vivre à côté de toi était aussi mes meilleurs moments.

    Tu vis dans mon âme.

Завидую воздуху, потому, что, что ты вдыхаешь его запахи, теперь ты знаешь, каково любить по-настоящему.

Воспоминания не умирают во мне, они возрождаются с новой силой как будто Бог испытывает меня, а Дьявол дразнит, потому что мы с тобой очень нежные и душевные и сейчас живем друг для друга.

Возможности смотреть в твои глаза и видеть в них любовь и желание.

Обнимать и ласкать тебя, дарить всю свою нежность и преданность, заботиться о тебе.

J'envie l'air car tu respires son odeur, désormais tu sais réellement ce qu'est aimer.

Les souvenirs ne meurent pas en moi, ils renaissent avec une vigueur renouvelée comme si Dieu me teste, et le diable se moque, parce que nous sommes très affectueux et spirituels et vivons désormais l'un pour l'autre.

La possibilité de regarder tes yeux et de voir en eux amour et désir.

T'étreindre et te caresser, te donner toute ma tendresse et mon dévouement, prendre soin de toi.

Когда мы окружаем себя хорошими людьми и добрыми мыслями – жизнь начинает меняться в лучшую сторону.

Я тоже заметил эту закономерность, хорошее притягивает хорошее.

Душа, сердце, желание, нежность, искренность, все это выбрало тебя.

Женщина должна чувствовать и ощущать любовь, а не слушать о любви.

Красиво говорить умеют все, а красиво любить не многие.

Мы очень близки- ты и я.

Lorsque nous nous entourons de bonnes personnes et de bonnes pensées, la vie commence à changer pour le mieux.

J'ai également remarqué cet adage, le bon attire le bien.

Mon âme, mon cœur, mon désir, ma tendresse, ma sincérité, tout t'a choisie.

Une femme doit sentir et ressentir de l'amour, et ne pas écouter l'amour.

Beaucoup peuvent parler avec beauté, mais aimer avec beauté très peu le peuvent.

Nous sommes très proches toi et moi.

EPILOGUE

Vivez, et soyez ivres d'elle,
Amis, de la légère vie !
Elle est néant, tout le rappelle,
Et peu de chose m'y relie.
J'ai passé l'âge des mirages,
Mais des espoirs un peu volages
Essaient parfois de m'habiter :
Je serais triste de quitter
Ce monde sans laisser de trace.
Je n'écris pas pour qu'on me loue,
Mais j'aimerais, comprenez-vous,
Chanter mon sort et ma disgrâce,
Et que mes vrais amis, les sons,
Disent au monde ma façon.

Alexandre Pouchkine

(Eugène Onéguine Chapitre deuxième, XXXIX)

L'amour rend heureux lorsqu'il est partagé et réciproque, il n'apporte alors que du bonheur et de la paix intérieure et nous rend la vie plus facile, elle en devient merveilleuse.

Notre perception de ce qui nous entoure change lorsque nous ressentons l'amour que les personnes nous portent, et quand nous sommes en mesure d'offrir notre affection sans rien attendre en retour que la réciprocité, cela nous remplit de joie.

Au fur des années on tient pour acquis cet amour que l'on nous porte mais c'est une grande erreur de ne pas l'entretenir, de le nourrir constamment pour le faire grandir et le conserver.

Les premiers échanges verbaux ou écrits sont toujours magnifiques, parfaits passionnels, une fois la rencontre physique consommée ils en deviennent plus intimes et parfois érotisés, et la suite, la suite est celle que les deux lui donnent et que peu de couples arrivent à sublimer année après année et sur une longue période. Ma prose est principalement axée sur cette première période des emballements amoureux où l'on se déclare à l'autre, quand la relation va se construire et que le couple consomme son union d'abord en paroles puis en actes, cette intensité nuptiale qui va nous conduire à vivre à deux un amour unique, car par la suite il est difficile de construire le bonheur à un, et combien terrible est la solitude ensemble si nous oublions pourquoi nous nous sommes aimés.

Les années dites difficiles, la première, la septième ?

Sont-elles vouées à être fatales ?

Je n'en crois rien, tout dépend de la profondeur des sentiments et de l'envie que l'on a de les préserver pour la personne aimée par de là le temps et l'usure qu'il exerce sur nous.

Nombreuses de mes phrases portent sur la séparation et la distance, peut être parce que cette première étincelle est celle qui doit être gardée pour toujours et ne jamais s'éteindre.

TABLE DES MATIERES

СОДЕРЖАНИЕ

ISBN 979-10-97252-07-6